JN111153

JLA
図書館実践シリーズ ·······························44

# 子ども司書の
# すすめ

アンドリュー・デュアー 著

日本図書館協会

## The Kid Librarian Movement

( JLA Monograph Series for Library Practitioners ; 44)

子ども司書のすすめ　／　アンドリュー・デュアー著. －　東京　：
日本図書館協会, 2021.　－　184p　；　19cm. －　（JLA 図書館実践
シリーズ　；　44）. －　ISBN978-4-8204-2106-1

t1. コドモ　シショ　ノ　ススメ　a1. デュアー, アンドリュー
s1. 図書館　s2. 図書館員　①010

本好きな子どもよ！
読書の仲間を増やそう。
図書館人になって，
読書リーダーにもなって，
子ども司書になろう！

# まえがき

　「子ども司書」という読書のリーダーがいます。子ども司書は読書推進の取り組みで，養成講座を行い，受講者に認定書が授与されます。その基本は，本と図書館が好きな子どもたちの潜在的本質を引き出すことです。子ども司書は友だちに読む楽しさを気づかせ，周囲の人を読書の輪に誘い込みます。

　子ども司書の取り組みは2009（平成21）年に福島県矢祭町で誕生して，すぐに注目されるようになりました。他の地域の図書館員が子ども司書についての新聞記事を読み，講座を開き始めました。早い時期に取り組んだ図書館がさらに取材を受け，子ども司書の試みを広げました。子ども司書の取り組みを知って，魅力を感じた図書館や自治体は，今なお講座を新たに企画しています。子ども司書の取り組みは，このように草の根的に普及が進んでいます。

　子ども司書の取り組みは，最近まで一般にはあまり広く知られていませんでした。新聞ではよく紹介されますが，学校や公共図書館関係者以外にはかかわりが少なかったからです。しかし，文部科学省の「第四次子供の読書活動の推進に関する基本的な計画」の中で，子ども司書のことが明記されてから，各地で注目されるようになりました。子ども同士の影響し合う力を駆使することが，読書推進活動に有効だと認められています。そのため，導入を検討している図書館などは多

くなったのではないかと思います。

　子ども司書は子どもの読書意欲にどんな影響を与えていますか？　どんな活動をしていますか？　養成講座で何を習うのですか？　どのように立ち上げたらよいのでしょうか？

　その疑問を答えるために，この本を書きました。講座担当者や先輩子ども司書からのヒントとアドバイスが満載です。

　子ども司書は比較的柔軟な取り組みです。講座を開く図書館が創意工夫をしてよいのです。子ども司書たちは思い思いの活動をしてよいのです。むしろ，そうしてほしいです。

　この本では大切な基本を述べています。子ども司書の取り組みの趣旨や養成講座の運営，活動の事例など，子ども司書を育てるために必要なあらゆる情報を紹介します。さらに，読書のメリットを考えたり，養成講座を実施する図書館などの工夫を紹介したり，子ども司書自身の声を届けたりします。子ども司書について考える材料がたっぷり入っています。

2021 年 8 月 31 日

アンドリュー・デュアー

平成２９年度
岐阜市立図書館

# 子ども司書養成講座

7月28日 (金)
　1　オリエンテーション

# 目 次

# 目 次

# 1章 「本の力，子どもの力」

## 1.1 子どもに本を読んでほしい!

　子どもに本を読んでほしいのです。

　親も司書も，教師も国も，みんなそう思っています。子どもはみんな本好きになってほしいのです。

　しかし近年，子どもの読む冊数と読書にかけている時間は思わしくない状況にあります。それに加えて，読解力が落ちているという報告もあります。学校や行政は懸念しています。

　すべての子どもが読んでいないわけではありません。読む子どもはまだまだ読んでいます。読書が好きな子どもは潜在的に多くいます。しかし，まったく読まない子どもの割合が増える傾向にあります。

　それにはさまざまな理由があります：

　テレビ。

　ゲーム。

　スマートフォン。

　宿題と塾。

　部活。

　友だちとのつきあい。

　読書できる環境がありません。

　本が手に入りません。

「もっと面白いことがあります。」

　読書をしない理由はたくさんあり，その多くは子どもにとって避けられないことです。私たち大人が子どもの時間を束縛することによって，子どもの読書を妨げたり，不読者を増やしたりしているのではないかと思うときがあります。

　たとえば，学校で読書を強要したり，成果を求めたりして，義務感を持たせて，子どもから読む楽しさを奪っていないでしょうか？

　家でテレビをつけっ放しにしたり，ゲームを自由にやらせたりしていませんか？

　タブレットやインターネットを自由に使わせていませんか？　宿題にでも。

　読む環境と時間を十分に与えていないのではありませんか？　自分の読んでいる姿を子どもに見せていないのではありませんか？

　あるいは，「もっとやるべきことがあるでしょう」と子どもに言って，読書の価値を否定していませんか？

　そして，本のない環境に子どもを置いていませんか？

　読まない子を育てることは，こんなに簡単です！　これらのことさえしなければ，読む子を育てる可能性は大いにありますが，われわれはなんとなく，子どものまわりにたくさんの障壁を築いているような気がします。

　読まない理由は外的なものだけではありません。もう一つの傾向が潜んでいます。それは，テレビやゲーム，ソーシャルネットワーキングサービス（SNS）などの子どもへの影響です。みんなが観るテレビ番組を観ないと，話題についていけなくなります。みんながしているゲームに参加しないと，仲

間外れになります。みんなが LINE を交わしていれば，大切な話を聞き逃さないように常に見ていなければなりません。さまざまなメディアの子ども同士への影響も，子どもたちの時間の使い方をコントロールしています（ただし，のちに述べるように，その子ども同士の影響は子ども司書の強さでもあります！）。

　たしかに，子どもが本と読書に興味があるかないは個人の問題です。読書に興味のない子は読まなくてもよいのではないか，という意見もあるでしょう。しかし，読書から得る教養とスキルは子どもの発達に大きな影響を与えるという研究成果がたくさんあります。データによれば，読者と不読者とを比較すると，キャリアの面でも人間関係の面でも，読む人の方が生活がより豊かになり，安定する傾向がみられています。少なくとも，学力とコミュニケーション能力に差が出ます。本には大きな力があり，読書はその力を子どもに与えます。読書の恩恵に浴さない子どもは，個人的に損をしているだけではなく，生産性などの面で社会全体に影響を及ぼします。したがって，個人のためにも，社会のためにも，可能な限り子どもには読書する習慣を身につけさせたいのです。

　子どもが読書に興味がないと言っても，周囲の大人は安易に納得せず，本を読む意欲を引き出す努力をすべきだと思います。多くの学校では，読む子どもを増やすために，「朝の読書」や「家読」（うちどく）運動などを通して読書の習慣を育てようとしています（「家読」は家族ふれあい読書の運動です）。子どもに好きな本を読む時間を定期的に提供している学校では，朝の読書の効果が出ていますが，それだけでは子どもは読む子に育ちません。読書ができる環境を広げるだけではな

く，本を読むきっかけも増やさなければ，読書の習慣化は期待できません。

## 1.2 読みたくなるためには?

子どもが読みたくなるためには，3 つの条件があります。

1）読む環境があること。

2）読むきっかけがあること。

3）読みたい本に出会うこと。

読みたくなる環境というのは，学校や公共図書館，そして家庭でつくらなければなりません。たとえば，次のようなことで環境を整備できます。

・図書館や学校に，読みたい子どものためにくつろいで読める場所を用意します。

・子どもに自分だけの図書館カードを与えます。

・学校では，自由時間を本当に自由にしてあげます。

・家と教室に本棚をおきます。

・家でテレビのない時間と，寝る前の「読書タイム」を設けます。

・食卓で会話をします。

簡単に言えば，子どもが本を読みたくなる環境とは，本を読みたくなったら，本がすぐ手に入る環境です。

読む環境と同じくらい大事なのは，読むきっかけです。読むきっかけをつくるには，子ども同士の力を活用することが特に効果的です。食卓での会話や授業でのこぼれ話で好奇心を刺激することも大切です。司書や先生がよい本をすすめることも大切です。しかし，友だちの一言で子どもはどの本で

も読みたくなります。

これが子ども司書の取り組みの基礎です。

子ども同士の影響力は本当に力強いものです。文化人類学や社会心理学の研究によれば，子どもが社会化するプロセスの中で，同世代の子どもの影響は最も大きく決定的だとされています。小学校高学年にさしかかると，子どもが最も影響を受けるのは親や周囲の大人ではなく，自分と同じ年齢の子どもたちからだと報告されています。10代の子どもにとって，仲間との関係はたいへん重要です。

したがって，親や教師の声かけよりも，友だちの意見と行動が子どもの生活に影響を与えます。友だちに合わせようとする気持ちがきわめて強く，友だちの話題は気になります。友だちの趣味が移って，自分の趣味になりやすくなります。親はこの「世代のギャップ」に悩まされますが，子どもの成長には欠かせないプロセスです。

この傾向は読書活動のアンケート調査にも表れています。たとえば，文部科学省の平成26年度委託調査「高校生の読書に関する意識等調査報告書」と平成28年度委託調査「子供の読書活動の推進等に関する調査研究報告書」のデータによれば，子どもが読みたい本を選択した理由，本を読むきっかけとして，保護者，教師，学校司書よりも友だちの影響が大きいことがわかります。高校生が本を選択する理由として，友だちの推薦を重視している子どもは兄弟，保護者，教師などの推薦を重視する子どもより4倍以上います。そして，すべての年齢の子どもを対象にした調査では，3分の1以上は本を読むきっかけが友だちだったと報告しています。小学生の場合，それは教師と司書がつくるきっかけの2倍以上，中学・

高校生では，友だちの影響力は教師・司書の 6〜7 倍です。

## 1.3 新たな読書推進のために

　従来の読書推進活動は，主に図書館，学校，家庭に任せられていました。これらはもちろん，子どもの読むきっかけをつくるにはきわめて重要ですが，子ども同士の影響力も無視できない存在だということがよくわかります。

　そのため，文部科学省の「第四次子供の読書活動の推進に関する基本的な計画」（平成 30 年 4 月 20 日閣議決定）では，それ以前の計画に比べて大幅に改訂されました。第三次までの計画では，子ども同士のすすめ合いはまだ注目されていませんでした。第一次〜第三次の計画には，学校，図書館，家庭ができる読書推進活動や政策が盛り込まれていました。読書環境の準備と活動主体は大人に任せられていて，子どもができることについてはあまり書かれていませんでした。

　文部科学省による基本計画は，全国の自治体が策定する「子どもの読書活動推進計画」の基礎となります。各自治体はそれぞれの事情に合わせて計画をつくり，その計画をもとに，子どもの読書を組織的に推進することになっています。しかし，多くの自治体は独自の計画というより，よその自治体の計画をなぞって，「絵に描いた餅」のようなものをつくり，あまり実行されずに終わっている計画も少なくないようです。

　もちろん，読書推進計画の策定は簡単ではありません。その実行はさらに難しいでしょう。活動に力を入れても，結果が出ないこともあります。司書や教師だけではなく，住民もその計画を意識して協力する必要があります。計画がいくら

よくできても，活動そのものは子どもの周辺にいる大人の参加にかかっていますので，実行するには限界があります。

たとえば，公共図書館の役割を考えましょう。来館者へのサービスは年々よくなっていきますが，図書館に来られない人へのアウトリーチサービスはまだ弱い状況です。多くの計画では公共図書館が中心におかれて，主導することが期待されています。しかし，図書館の活動がどんなにすばらしくても，子どもが図書館に行かなければ（あるいは，行けなければ），その努力は無駄になります（しかも，図書館をまだ設置していない自治体は全国で 400 ほどあります）。図書館単体での実行力はかなり限られてしまいます。

学校の読書推進活動は可能性に満ちています。すべての子どもが学校に通いますし，すべての学校に図書館があります。子どもが本に触れられる環境は一応，完備されています。しかし，時間とスタッフなどの制限から，図書館が十分に活用されていない学校は少なくありません。また，学校によっては，低学年の子どもが図書館に自由に行けないとか，放課後はただちに下校しなければならないなど，校則がつくるハードルもあります。学校側に悪気はないでしょうが，結果的に図書館にある本は必ずしも子どもにとって手に取りやすくなっていません。

そして，家庭も期待されています。しかし，読書推進計画を読む家庭は少ないでしょう。自治体からの積極的な広報や，家庭向けの概要版があれば，計画の存在を子どもの家族に知らせることができます。しかし，内容の大半は家庭と関係ないので，自分の役割についての部分を探して読む人は少ないと思われます。ほとんどの保護者は自分の家庭の読書環境が

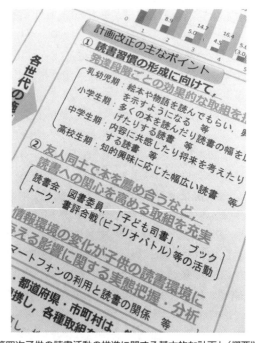

「第四次子供の読書活動の推進に関する基本的な計画」（概要版）

よいと思って，振り返ることなく生活を続けます。

　これらの問題を受けて，文部科学省は第四次計画で，新しい試みを導入しています。学校と公共図書館と家庭の活動に加えて，「友人同士で本を薦め合う」という大きな項目を追加しています。保護者，教師，司書の声かけは依然として重要ですが，それぞれが子どもとふれあえる時間は限定されています。子ども同士のふれあいであれば，時間と場所の制限はあまり問題になりません。友だちと話したい子どもはどうに

か時間を見つけます。友だちと毎日ふれあう中で，読書のメッセージは伝わりやすくなります。しかも子どもにとって，大人の話よりも，友だちの話の方が魅力的で，友だちの意見をよく聴きます。第四次計画はこうした子ども同士の心理と影響力を活かすよう，周囲の大人に呼びかけています。

　友人同士でできる活動の例は第四次計画の本編だけではなく，普及するための概要版にも挙げられています。「子ども司書」はその例に含まれています。

## 1.4 「子ども司書」とは

　「子ども司書」という言葉は，多くの人にとって聞きなれないと思います。聞いたことがない人はまだ多いのに，文部科学省は子どもの読書計画で取り上げています。なぜでしょうか？　子ども司書とは何ですか？　その取り組みはどのようなものですか？　子ども司書は読書の推進にどんな効果があるのですか？

　文部科学省はおそらく子ども司書のことを知ってほしいからこそ，「第四次子供の読書活動の推進に関する基本的な計画」に活動例として明記したと思われます。その効果を期待しているからこそ，すべての学校や図書館に「導入してよい」という合図を出しているのです。

　日本図書館協会の森茜理事長（当時）は，2017 年夏に岐阜市で開催された「第 4 回全国子ども司書研究大会」の基調講演の中で，子ども司書の取り組みについて語りました。森氏いわく，子ども司書は新しい形態の取り組みです。子どもの読書を推進している団体は基本的に，図書館など施設を持っ

ている団体と，読み聞かせボランティアなどの中身を提供している団体に分かれますが，子ども司書の取り組みはどちらとも違って，施設もサービスも持たない，アイデアだけの取り組みです。子ども司書の活動を展開するために，そのアイデアへの賛同を募って，施設またはサービスを持っている団体の協力を求めなければなりません。協力があってはじめて活動を展開できます。

　なっとくです！　たしかに，子ども司書の取り組みはアイデアが勝負です。

　しかも，そのアイデアは実に簡単です。子どもはまわりの子どもをよく観察し，楽しそうなことや気になる行動につられて自分でもやってみます。好きな食べ物，よく使う表現，好んで着る服，楽しく聴く音楽など，子どもの文化のすべては，主に周囲の仲間とのつきあいの中で伝えられ，身につけています。子ども司書の取り組みはその心理を活かします。本を楽しく読む子どもは，まわりの友だちへ読書への関心を広げる力があります。学校などで本と図書館を話題にしたり，本のおもしろさを友だちに伝えたりしている子どもを見つけて育てれば，友だちに本の魅力を伝える力を伸ばせます。養成講座で育った本好きな子どもは友だちを誘い込んで，読書活動を盛り上げてくれるはずです。

　その効果が目の前に現れることがあります。子ども司書の養成講座の受講者には，読書が好きな子どもを想定していますが，まれに，読書に関心がない子どもが保護者にすすめられて受講することがあります。おもしろいことに，そうした子どもは周囲の受講生につられて，途中から本に興味を持ち始め，講座が終わるころには楽しく読むようになっています。

これこそが子ども同士の影響力の表れです。

## 1.5 子どもの「できること」

どこまで子どもたちに読書推進の活動を期待してよいのでしょうか？　図書館での読み聞かせ会や「読書の日」のイベントに比べれば，子どもができることはかなり限られていると思うかもしれません。でも，その「できること」を大切にしてほしいと思います。

まず，一つの寓話を聞きましょう。

これは南米ペルーに住んでいるケチュア族の人々が語る「ハチドリのひとしずく」という話です。環境運動や SDGs の推進でよく引用されますが，子どもの読書にもぴったりです。

ある日，動物の住む森に火がつきました。小さい炎はあっという間に，大きな山火事になりました。

燃えている森から熊も狐も，ウサギも梟も，すべての動物は逃げました。走って，走って，皆が必死に逃げました。

でも待ってよ！　逃げていない動物は，一匹だけいますよ。小さなハチドリのクリキンディだけが自分の大切な森に残っています。

クリキンディは，急いで川まで飛んで，長いくちばしで一滴の水をすくい上げました。ほんのひとしずくだったけれど，クリキンディの精一杯でした。

クリキンディはそのひとしずくを大事にくわえながら，燃えている森に飛び込みました。小さなしずくを，炎に落とし

ました。

　炎は熱かったよ！　クリキンディは怖かったです。羽は燃えそうでした。しかし，彼はすぐに川に戻って，もう一滴をすくい上げました。

　何度も，何度も，しずくを運び続けました。ひとしずく，またひとしずくを，炎に落としました。

　ところで，森のわきで，怖くて泣いてばかりいるほかの動物たちはどうだったでしょうか？

　クリキンディを見て，動物たちは「あぶない！　あぶないよ！」と叫びました。

　「クリキンディよ，私たちと一緒に逃げよう！」と熊は言いました。

　「いやよ！」とクリキンディは返しました。「どこへ逃げるというのか？　これが私たちの住む森よ！」

　熊はまた言いました。「ちびよ，そのひとしずくを落として，どうしたいの？　小さくて，どうしようもないじゃないの？」

　クリキンディは羽を休ませずに言いました。「小さいかもしれないね。でもこれが，私のできること。」


　環境問題が話題にあがるとき，この寓話は時々出てきます。地球の環境を助けるために，私たちは一人ひとりの「私のできること」をしなければならないことを考えさせる話です。自分の「できること」が小さくても，とにかくやろうよ，というメッセージを伝える話です。

　ハチドリの話は子どもの読書にも当てはまります。子ども同士のすすめ合いは小さくて地味な活動かもしれません。しかし，すすめ合いこそが子どもの「できること」です！　そ

して，子ども司書養成講座は，しずくを運び続ける勇気を与えるものです。子ども司書の活動の効果は意外と大きいものです。多くの子どもが友だちと本をすすめ合えば，とんでもないぐらい大きな力になります。

　どのぐらい大きい？　たとえば，あの「ハリー・ポッター」ぐらいです。ハリー・ポッターの人気は子どもの口コミから生まれました。最初はたった500部の初版から始まりましたが，読みたい子どもがその評判を広げました。ひとしずくずつでも，子どものすすめ合う力を無視してはいけません。

# 2章 | 子どもと読書

## 2.1 読書は大事?

「人間の子どもは，見たい！　聞きたい！　知りたい！ と思って生まれてきます。愛されたい，抱きしめられたい，と思うと同じように，"知的好奇心"も満たされると幸福に感じます。なぜ子どもに本を読んでやるのか…。それは，そうすると子どもたちは幸福になるからです。」
（赤木かん子著『子どもを本嫌いにしない本』大修館書店, 2014, p. 9）

「読書は大事！」
「子どもが本を好きになってほしい！」
「子どもには読書がいいに決まっている！」

読書が好きな人なら，これらを当然のこととして信じています。本が好きな人なら，読書の重要性を疑うことなく，当たり前のように，子どもたちにすすめます。

しかし，本に興味がない人はそう思っていません。日ごろ本を読んでいないので，読まなくても，特に何の不都合を感じていません。たぶん読書の価値にも気づいていません。それは，単によい読書体験を今までしていないからかもしれません。とにかく，読まなくても問題はないと思っています。そうであれば，読書のメリットは本当に「いうまでもない」

ことでしょうか？

　子ども同士がすすめ合うことによって子どもの読書を推進することが，文部科学省の計画に見えるように，国の政策にもなりました。読書はメリットがあるとされています。読書がなぜ大事なのか，まず確認した方がよいでしょう。

## 2.2 あらためて「読書」とは?

　学校で本を読む場面は多くあります。授業は教科書を読みながら進められています。小学校低学年の子どもには音読の宿題もあります。テストには読まないと解けない設問がたくさん出ます。読む能力は学習に欠かせないもので，読解力は学習の基礎だといっても過言ではありません。

　しかし，もっぱら学業の一環としての読む作業はいわゆる「読書」と意味が違います。

　「読書」といえば，人の数だけ定義があると思います。たとえば，何を読んでも「読書」という人もいれば，限定的に定義する人がいます。小説や古典だけが読書であって，リアル系の本を読むことは読書ではない，という人がいます。いや，鍛錬的な要素がなければ読書とはいえない，と思っている人もいます。目的なく読むことを読書として認めない人もいます。漫画や雑誌，ライトノベルなどのような，娯楽に特化しているものを読むことを読書と呼べない，という人さえいます。

　しかし，私は，「読書」というのは楽しむために，あるいは教養を得るために，本や雑誌を自主的に読むことを指している言葉だと考えています。少なくとも，この本では「読書」

をそのような意味に使います。

## 2.3 読書の「法則」

　目的のない楽しい読書にかける時間は，決してもったいな
くありません。ノンフィクションや古典の本だけではなく，
絵本や小説にもためになる要素が多く入っています。本の内
容から知識を取得し，学習成果を求めるときもあれば，読む
過程自体を楽しむこともあります。

　脳内に“読書の回廊”をつくるためには，内容よりも読む
量が重要です。読めば読むほど，読む力が伸びます。だから
こそ，本を楽しむことが読書の重要な要素になります。楽し
くないと，読書はなかなか続かず，習慣になっていきません。

　子どもの読書の場合，勉強と娯楽的読書を分けて考えた方
がよいそうです。アメリカの読み聞かせの権威ジム・トレリ
ースは，1979年の著書『魔法の読みきかせ』（日本語版：筑摩書
房，2018）の中で次のように説明します。

　「読書には二つの法則があります。（中略）

　法則1　人間は快楽を優先する

　法則2　読書は後天的な技術である」(p. 45)

　未就学児の場合，すべての読書は娯楽のためだといっても
よいでしょう。保護者に読んでもらえれば，本は子どもにと
って快楽の一つになります。これが「法則1」です。

　「読みきかせをすることで，『本は楽しい』というメッセー
ジを子どもの脳に送り続けます。いわば，読書のCMなので
す。『活字を読むことは楽しい』という回路をつくってやる
のです。」(p. 46)

16

しかし，小学校に入ってから社会人になるまでは，学校の勉強や受験のために読むことが欠かせません。自分の楽しみのために読むこととは別のものです。児童・生徒は勉強のために読むことが多いですが，それは強制的，あるいは義務的な読書です。

　読むことは人間にとって自然にできることではありませんので，読めるようになるためには努力が必要です（法則2）。読むことはほかのスキルと同じように，練習すればするほど上達します。逆に，たくさん読まなければ，スキルは上達しません。そのために，学校は読む宿題をたくさん出します。学校の宿題が楽しいと思っている子どもは少ないと思います。宿題をする意義がわかっていて，やり終えたときに達成感を感じることがあったとしても，宿題に取り組んでいる間は「楽しい！」とは思いませんよね。ほとんどの子どもは，宿題を義務的にしかしていません。そこで，子どもの心の中で読書が宿題に位置づけられると，読むことは楽しくないものに分類されます。さらに，学校の宿題では基本的に何を読むかを選択できませんので，趣味に合う読書への期待感もなかなかわきません。場合によっては，読書に興味のある子どもでも，学校で読む宿題で腹いっぱいになって，自主的に読む意欲を失うかもしれません。

　小さいころに読み聞かせの快楽を経験した子どもなら，読書にまだ惹かれる（法則1）かもしれませんが，快楽の経験がなかった子どもは特に，「学校の中で読書が苦痛だと思わされ，（中略）当然，読書の本来の楽しさなどわかりません」(p.46)。

　こうした子どもが読書活動に自主的に取り組むことは，あまり期待できません。関心のない本を強制的に読まされる子

どもにとって，これが「読書」だと言われれば，「私は読書が嫌いです」と思うようになってしまいます。強いられた読書は読書習慣につながりにくいのです。

　しかし逆に，読書の快楽に目覚めている子どもであれば，自主的な読書は楽しいものになります。だからこそ，楽しい経験を早く，そして頻繁に与えたいものですね。

　ところで，勉強と学業が子どもの最大のつとめだとすれば，なぜ文部科学省は自主的な読書を「大切だからぜひやってね」と積極的に推進しているのでしょうか？　それは，勉強しているだけでは得られない大切な何かを，読書から得られるからです。

　たとえば，勉強と娯楽のバランスをとることによって，勉強する意欲を保つことができます。遊びは心を充電してくれます。子どもにとって，遊びも学習の大切な一部です。読書は学習に必要な読む能力を伸ばしてくれるので，決して勉強時間を奪う暇つぶし的な遊びではありません。

　そして，読書をすると，日常生活では得られにくい教養を身につけられるからです。

　読書は子どもの情緒発達を促すからです。

　読書は生涯にわたって生活を豊かにするからです。

　読書は自主的に考えて行動できるよい市民を育てる格好な手段だからです。

　読書習慣を身につけていると，人生のあらゆる面においてメリットが多いからです。

　勉強と読書を天秤にかけるべきではないかもしれませんが，読書が人格の形成に与える影響を考えれば，子どもの読書は学業と同じぐらい重みがあると思います。

ですから，教師と司書は子どもの読書の習慣は大切だと言っているのです。

## 2.4 読書の効果

　読書は一般的に言えば，よいイメージを持たれています。趣味としてもよいと思われています。本をたくさん読む子どもは勉強ができるとか，生活が健全であるとか，周囲から評価されます。読書はもちろん学校などで盛んにすすめられています。

　しかし，読書から具体的に何を得るのかと子どもに聞くと，意外と抽象的な答えが多いです。司書や教育者が読書の重要性を説明する際，客観的な理由を挙げたいのに，主観的な説明にとどまることが多いのです。たとえば，読むことによって学力と書く力，想像力などが上がる，といった断片的な話をよく聞きます。読書論の本でも，著者の個人的な読書経験に基づくものが多く，心理学による体系的な理論は少ないようです。

　本を読むことによって，実に多くの効果が生まれます。絶対的なメリットもあれば，統計的に有意差があるものの個人差が見られるメリットもあります。それぞれのメリットを検証する論文を巻末に載せますが，とりあえずここで主な効果をリストアップします。

　たとえば，
① 読む子どもの語彙が大幅に増えます
② 言葉と読解力が発達します
③ 学力が高まります

④　想像力と集中力が鍛えられます

⑤　性格が形成されます

⑥　感情や感性が発達します

⑦　社会性が発達します

⑧　人の気持ちが読める共感力が成熟します

⑨　文脈理解力が鍛えられます

⑩　経験の拡張ができます

⑪　悩みを解消する力が身につきます

⑫　進路のヒントが得られます

⑬　自分の好みを知り，選ぶ力が身につきます

⑭　根気が身につきます

⑮　食卓と教室では話題が増えます

など，実に多様です。


　私の子どものころの話をひとつさせてください。これは，友だちと楽しんでいたゲームを，読書したためにできなくなったときの話です。

　私はカナダで育ちました。カナダの学年は9月に始まり，6月で終わりますので，夏休みは学年と学年の間で，まったく宿題のない日々でした。天気のよい日は靴を脱いで，外で友だちと走り回ったり，泳いだり，船遊びをしたりして，遊びふけっていました。雨の日は誰かの家に集まって，トランプやボードゲームなどで遊んでいました。そして，早く起きる必要はなかったので，毎晩遅くまで読書をしました。とにかく，本を読みました。もちろん1年中読書をしていましたが，夏は特に時間があったため，1日1冊というペースで読みあさる毎日でした。私のまわりの子どもは，だいたいみん

なそんな感じで夏休みを過ごしていました。

　中学生のときに，友だちの間で「辞書」というゲームが流行りました。これは紙と鉛筆と，できるだけ分厚い辞書を使って遊ぶゲームです。プレーヤーは一人ずつ，誰も知らない単語を辞書から選びます。そして，選ぶ人を含めて，みんなはその単語の定義を書いてみます。辞書を見ている人以外のプレーヤーはもちろん本当の定義を知らないので，想像上の定義を本当っぽく書きます。単語を選んだプレーヤーは本当の定義をちょっと嘘っぽく書きます。すべての定義を集めて，読み上げます。プレーヤーは本物だと思う定義に票を入れます。嘘なのに票が入った定義に対して，それを書いたプレーヤーは 1 点を得ます。正しい定義を選んだプレーヤーも 1 点をもらえます。正しい定義に票がなければ，単語を選んだ人は 3 点を得ます。点数を競いますが，やっているうちにウケ狙いの定義を書く人が出てきますので，笑いが止まりません。

　しかし，ゲームをやり始めて 2 年目の夏に，「辞書」ができなくなりました。やりたい気持ちはまだたっぷりありましたが，いつの間にか辞書をめくっても知らない単語を発見できなくなっていました。どんな珍しい単語でも，誰かは知っていました。理由を聞いてみると，「本で知った」ということでした。みんなは毎日の読書で語彙を大幅に広げていました。読みふけっているうちに，覚えた単語の数が辞書ほどありました，ということです。

　「辞書」を友だちとできなくなったことはちょっと残念でした。しかし，辞書のどのページを開いても知らない単語がない，ということはちょっぴりうれしかったです。そんな気持ちをすべての子どもに味わってもらいたいですね。

# 3章 読書文化の伝承

## 3.1 子ども司書の取り組みのねらいと理念

　「子ども司書」の取り組みは，子どもを中心とする読書推進活動です。

　子どもの本の好みを最もよくわかっているのは子どもです。子どもが影響を最も受けやすいのは，ほかの子どもです。子どもが最もまねしたがる行動は友だちの行動です。ですから，子どもの読書を最も効果的に推進できるのは，子どもです。

　子ども同士の本のすすめ合いを促し，読書の輪を広げるために，本好きな子どもに読書のリーダー，読書の伝道師になってほしいのです。そのために，子ども司書養成講座を開いて，子どもの読書の魅力を伝える技術に磨きをかけます。受講する子どもは，図書館の役割や司書の仕事についての知識を得て，読書への興味が高まります。友だちに本をすすめる自信もつきます。講座を受講した子どもは，学校や地域で読書の推進役として新しい形の読書推進の担い手になれます。

　文部科学省や学校の教師は，どうしても子どもに本を読んでほしくて，課題図書や感想文コンクール，ポスターコンテストなど，さまざまな工夫を凝らしています。しかし，このような活動への参加はあまり自主的なものではありません。課題図書などは子どもの立場から見れば，宿題にしか見えま

せん。学校は努力していますが，それだけでは好んで読む習慣につながりにくいと思います。読書推進を評価につなげようとすると，義務感と緊張感が本来の楽しさをつぶして，活動のねらっている効果は出にくいでしょう。

　公共図書館は別な問題を抱えています。公共図書館の読書環境は整っていますが，子どもが図書館に来なければ何も始まりません。図書館がいくらよい本を揃えても，楽しいイベントを開いても，読み聞かせ会を実施しても，肝心な子どもたちが図書館に来なければ，その努力は無駄に終わります。

　家庭も読書の習慣づくりの場として期待されています。子どもは小さいうちから本に親しむ機会に恵まれれば，読む大人になる可能性が大きくなります。家庭での就学前の読み聞かせと読書体験は，学校生活に必要な語彙と語学力を発達させるので大切です。しかし，誰も読まない家庭は案外と多いものです。小さいころに本にあまり触れていない子どもが大人になっても，本は興味の対象になりません。読書の見本になる人がいない家庭の子どもは，なかなか読む子に育ちません。本を読まない家族は図書館へ行くこともありません。世代を越えた"無読の連鎖"がこうして生まれていきます。この"読書貧乏の連鎖"を断ち切るためには，子どもに読書の魅力を伝えてくれる身近な人の存在と，本をいつでも手に取れる環境をつくることが大事です。

　したがって，学校，図書館，保護者の試みとは別に，子どもたちの読む意欲を起こす新たな工夫が必要だと思います。子ども司書の取り組みはそうした工夫の一つです。

　子どもは親や学校の教師とは関係なく，子ども同士だけで読書を流行させる力があります。子どもは友だちと最近読ん

だ本について話したり，好きなシリーズの情報交換をしたり，発見したおもしろい小説などを紹介したりして，自分たちの読書の世界を広げていけます。友だちの関心が自分に移り，友だちが読んでいる本を手に取りたくなります。

今まで，子どもの読書活動は主に大人の都合で展開されてきました。しかし，子どもの読書の本質を考えれば，読書推進活動は子どもの目の高さで行った方がよいと思います。

子どもは格好いいこと，楽しいこと，流行っていることに熱意をおぼえます。子どもの中には，嗜好をなんとなく誘導するリーダー的な人がいます。そのリーダーが興味を示せば，ゲームやおもちゃ，お菓子，ファッション，音楽，テレビ番組，お店などはたちまち周囲の子どもの間で流行ってしまいます。マスコミはその流行を拾って報道することがありますが，流行が先にあっての報道ですから，報道が流行をつくっているわけではありません。

子どもが子どものために，子どもの生活空間で読書をすすめ合えば，より大きな効果を生み出せます。子どもに読書活動の主役になってもらうことが，子ども司書の取り組みの基本です。

## 3.2 子ども司書養成講座

子ども自身による子どもの読書推進を最初に試みたのは，福島県の矢祭町でした。5 章で詳しく述べますが，当時の教育長は子どもの読書への関心を高めるために，2009（平成 21）年 6 月から最初の「子ども司書養成講座」という大がかりな企画を始めました。1 年近くにわたって，子どもたちは月 1

回の講座で図書館と読書に親しむ内容について学びました。受講した子どもたちは「子ども司書」として認定され，学校，家庭，地域の公民館で本の魅力を伝える活動を展開するようになりました。

　この講座こそが，「子ども司書」の取り組みが全国に広がるきっかけとなりました。その後，子ども司書の養成講座はわずか10年で，全国各地の約200の図書館や教育委員会で開かれるようになりました。

　養成講座の目標は大きく分けて3つあります。

## (1)　図書館人になる

　受講生は図書館の仕事に触れながらその仕組みを理解し，読書案内のノウハウを学びます。講座を受けようとする子どもたちは一般的に，最初から図書館に興味があって，裏舞台と司書の仕事に強い関心を持っています。子ども司書は図書館に親しみを感じ，仕事を知るようになると，図書館を自分の居場所と感じるようになります。講座を経て，友だちや同級生にその活用を案内できるようになります。子ども同士で刺激し合い，読書活動を盛り上げる仲間を発掘できるようになります。さらに，子ども司書は司書の精神を養い，ボランティアとして学校図書館で司書教諭と図書委員を援助できる知識を得ます。7章の「子ども司書の声」と8章の「八街市立図書館のジュニア司書マイスターたちの声」に書かれているように，子どもが図書館の仕事を手伝えることに非常に大きな喜びを感じます。

## (2)　読書リーダーの素質を伸ばす

　本と人を結ぶリーダーとして，地域に貢献できる子どもに育てます。講座を受ける子どもたちは本を紹介するスキルに自信を持ち，リーダーとしての潜在的能力が伸びます。子ども司書は学校で友だちに本をすすめ，読書の魅力を伝えます。地域では，公立図書館や学習センターなどの催しに積極的に協力します。家庭では，家族と一緒に楽しむ読書の時間を大切にします。

## (3)　読書の仲間を増やす

　読書のすばらしさを学校の友だちや家族に伝えるために，本の魅力を紹介する方法を学びます。養成講座の修了者は自分の学校で，図書委員会の活動を支え，推薦図書リストの作成，読み聞かせ，「朝の読書」や調べ学習，「ふれあいタイム」，学級活動などにおいて読書する仲間を増やします。

　これらの目標を達成するためには，子ども司書の養成に相当の時間をかける必要があります。それは子どもたちにとって大きな負担ではないかと思われるかもしれませんが，実際には，子どもたちにとって図書館の業務を幅広く体験することはかなり楽しく，むしろ時間が短く感じるようです。講座を受けている子どもたちの姿を見ると，「研修を受けている」というよりも，「やりたかったことをやらせてもらっている」という印象を受けます。養成に必要な15〜20時間は，子どもにとって決して長すぎないことがよくわかります。子どもはレファレンスやカウンター業務，選書，本の修理などに関心が高く，大好きなので，時間が足りないくらい講座を楽し

んでいます。読み聞かせのための本選びと練習の時間も，楽しく過ぎていきます。講座の内容，そして新しい友だちとふれ合える時間を十分に味わうためには，講座の時間は足りないぐらいです。

## 3.3 子どもが本を好きになるには

　子どもは，どのように本を好きになるのでしょうか？

　実は，子どもは最初から本が好きです。

　赤木かん子が『子どもを本嫌いにしない本』で書いているように，子どもは生まれたときから本が好きなはずです。赤ちゃんに本を渡せば，見たり触ったり口に入れて味わったりして，全身で楽しみます。それから，本嫌いになりさえしなければ，ずっと本好きでいられます。とにかく本に触れる機会が重要ですね。

　子どもが本に出会う機会をつくらなければなりません。当たり前のことですが，残念ながら学校に入るまで本を読んでもらったことがない子どもがいます。幼児は自分だけで本を読む楽しさに気づくことはなかなかありません。もっと大きい子どもの場合，見本になる「読む人」がいなければ，読書しようとする意欲が自主的にわきにくいものです。まわりの誰かから興味を引く本を紹介されなければなりません。

　もちろん，すべての子どもは学校で教科書などに出会って，読めるようになります。しかし，教科書を好んで読む子どもはあまりいません。親と過ごす絵本の「読み聞かせタイム」，あるいは自分の図書館で選んだ小説や図鑑などが，本当の「本との出会い」になります。

その出会いをつくるためには，本のある環境が必要です。保育園や幼稚園の保育室に絵本が置いてあれば，園児が自由に本に触れる環境になります。毎週，家族ぐるみで図書館に行って本を借りれば，知らない本に出会う環境ができます。家に本棚があって，子ども向けの本が置かれていれば，本に触れる環境ができます。寝る前などで，子どもが本とくつろぎたくなったら，いつも手元にある環境ができます。

　その環境をつくるために，家庭で絵本をたくさん買うことは大変かもしれませんが，図書館を使えば手に取れる本の数が多く，新しい出会いもあり，買うためのお金の心配もありません。家に持ち帰った本は2週間ごとに入り替わり，早く読まないとチャンスを逃してしまいます。図書館から借りた本の棚はなじみがありながら，飽きさせません。子どもが読む冊数が多いほど，図書館から借りれば，実験的・衝動的に選んで試し読みできます。親の許可も必要ないし，自分の好みを発見することもできます。しかも，本を返却するために再び図書館を訪れることになります。返却のついでに新たに本を借りると，"読書の連鎖"が始まります。公共図書館でも学校図書館でも，このように利用すれば，読書が日常生活の一部になっていきます。こうして子どもは本のある環境に恵まれ，読書が好きな子に育っていくのです。

### 3.4 子どもの活字離れ

　ところで，近年の電子機器普及の中で，本と出会う機会が少なくなっています。子どもの生活環境から，本は消えつつあります。新聞はかつて，ほとんどの家庭に毎朝届きました。

食卓やテレビの脇に置いてありましたので，子どもも興味を持って手に取ることはありました。今，子育て世代は新聞記事を含めてニュースをスマートフォンで見ていますので，子どもの目と手に入りません。また，少し前まで，子どもは学校の帰りに地元の本屋さんに立ち寄って棚を物色することができましたが，書店は大型化して郊外に移ったり，オンライン販売になったりしていますので，子どもにとって身近なものではなくなりつつあります。多くの子どもは，保護者に頼んで図書館や書店に連れて行ってもらわなければ，本に出会えません。

　また，携帯電話や情報機器は現代の生活に欠かせないものとなっており，学校でも当たり前に使われるようになりました。エンターテインメントとしても，本は電子機器と競わなければなりません。そして，いつでもどこでも検索できる携帯電話やタブレットの便利さに比べれば，本は情報源として便利さに欠けています。今や本がまったくない家庭はたくさんありますが，携帯電話やコンピュータのない家庭はほとんどありません。電子機器で「間に合っている」家庭では，子どもは本に会わないかもしれません。

　一方，子どもの生活にはさまざまな時間的制限があります。学校は最優先ですね。放課後の宿題や塾なども時間を多く占めています。食事や睡眠にかける時間はもちろんはずせません。娯楽と趣味にわずかな時間が残されていますが，その時間を単純に自分のやりたいことに費やせるわけでもありません。友だちとの交流にも時間を費やす必要があります。放課後に会って話したり，家に帰ってから LINE でメッセージを交わしたりする時間が必要です。それだけではありません。

友だちとの話題が主にゲームやテレビであれば、子どもは仲間外れにならないようにそのゲームやテレビを優先します（私の子どもが中学生だったころ、テレビを消そうとしたら「消したらダメ！　みんなが観ているから観ないとこまる」と言われました）。

　ベネッセが2013年に行った「第2回放課後の生活時間調査」は子どもたちの自由時間の使い方を調べています。その調査の読書に関する結果は、2017年の「子どもたちの読書活動の実態に関して」（木村治生ほか、ベネッセ教育総合研究所）にも報告されています。報告書によれば、小学校1年生から高校3年生までの子どもは平均して、約5時間の「放課後の時間」があります。そのうち、勉強や習い事などを除いた「メディア利用」の時間は平均して約90分です。その大半をテレビまたはスマートフォンなどに費やしていますので、読書にかける時間はわずか3〜5分程度です。

　テレビとスマートフォンの利用は子どもの社交生活に欠かせないという制限の中で、子どもがあえて読書を選んで時間をかけるためには、読書を共通の趣味とする友だちの存在がポイントになります。友だちと好きな本をよく話題にしているのであれば、話題についていくために本を読むようになります。友だちが読んでいる本は気になりますし、話題づくりのために本を読みたくなります（たとえば、「ハリー・ポッター」のシリーズが流行ったのは、このメカニズムによってです）。千葉県の八街市立図書館では、「読むきっかけは友だちから！」というわかりやすい合い言葉を使っています。

　こうして、友人同士のすすめ合いによって、子どもは読書のために時間を割くようになります。本を読むきっかけが成

立します。

## 3.5 本好きな子どもに出会う

　しかし，前提条件がもう一つありますね。それは，読書が好きな友だちに出会うことです。そんな人が近くにいても，必ずしも気づきません。学校など，家以外で本を取り出して読むことがめずらしくなった今の世の中では，はたして本好きな子どもたちはお互いに気づくことができるのでしょうか？

　間違いなく，本が好きな子どもはまだまだ潜在的にいます。どのクラスにも，読書が好きな子どもは必ず数人います。気づき合えば，互いに話題が盛り上がっていきますが，自分しかいないと思っているうちは，恥ずかしくて教室で一人行動をしたがりません。問題は，潜んでいる「読む子」をどうやって探し出して，堂々と読む姿を露わにしていくことです。

　その方法の一つとして，リーダー的な子どもが読む姿を見せて，読書を格好よく見せることによって，潜んでいる「読む子」に勇気を与えます。それによって，読書が好きな子は自分だけではないと気づきます。その姿にひかれる子どもたちの間でブームさえ起こり得ます。

　読書が好きなリーダー的な子どもを見つけ出すためには，子ども司書の養成講座を開くことが効果的なのです。

# 4章 子ども司書の心理作戦

## 4.1 読書を広げるために

　読書を子どもたちの間で普及させるためには，子どもの心理を活かすことがカギです。

　読書という行為は，一人で行うことが多いものです。われわれは誰とも話さずに静かに読書しますから，読書はあまり社交的な趣味ではない，というイメージがあります。読書は「孤独だ」とか「地味だ」という人もいます。友だちに地味だと思われたくない子どもたちは，読書する姿を見られるとちょっと恥ずかしいようです。

　たしかに，目立つところで本を堂々と読む子どもがいると，周囲の子どもたちは気にします。「何を読んでいるの？　見せて！　どんな話？」友だちが楽しそうに読んでいれば，なおさら興味がわきます。

　友だちが目の前で読んでいれば，自分では恥ずかしく思っていた読書が，急に格好よく見えてきます。自分も読めば，ほかの友だちも本を出して読み始めます。本が話題になり始めます。読むことは，孤独ではなくなります。

　読書習慣を身につけた子ども同士が教室と校庭で交流すれば，読書の楽しさが自然と同級生に広がり始めます。

　子どもはまわりの人の感情に非常に敏感ですし，行動や表

情を常に観察しています。そのために，子どもは人の気持ち
を巧みに読み取れます。本で感動的な場面を読むと，その感
動は子どもの顔に出ます。その感情を友だちが見たとき，友
だちもその感動を味わいたくなります。読みたくなる気持ち
が自ずとわいてきます。何を読んでいるのか気になり，好奇
心が刺激されます。

　ベネッセの「第2回放課後の生活時間調査」の結果の中に，
親が本とドラマで感動する回数が増えるにつれて，子どもの
読書時間も増える，という興味深いデータがあります。つま
り，本に感動があるとわかった子どもたちは，その感動を自
分でも探すのです。親の影響以上に，友だちからの影響はさ
らに大きいものです。友だちと同じ感動を求めて，同じよう
に読んでみようと，子どもの間に"読書の連鎖"が自然に起
こります。

　肝心なのは，その最初の子どもです。その子どもは，波紋
を起こす投石のような存在です。友だちの前で読んで，感動
を見せてくれる子どもをいかに探せるか，ということです。

　「普及学」という学問の中にヒントがあります。

### 4.2 普及学と子ども司書

　普及学とは，イノベーションや流行が普及するメカニズム
について研究する社会学の分野です。社会学者のエベレッ
ト・ロジャーズがそのプロセスについて，『Diffusion of
Innovations』（1962：日本語訳『イノベーションの普及』翔泳社，
2007）という草分け的な著書で書いています。

　普及はマーケティングとは違います。マーケティングとい

うのは，人を説得することによって物事を意図的に広めることです。市場（マーケット）で売り込む「マーケティング」という積極的な行為です。ところが，ロジャーズがいう「普及」というのは，新しいアイデアや技術を採用する人を見た周囲の人がその姿に魅了され，自ら採用する，といった受動的なプロセスです。先駆者は必ずしも意図的に普及させようとしていません。むしろ，ほかの人の反応をあまり気にせず，個人的な趣味で動いていることが多いのです。

われわれが新しいアイデアや技術を採用したくなるためには，5つの要件がある，とロジャーズはいいます。この条件に対して，子どもの読書はどうでしょうか？

1）比較優位性

新しいアイデアや技術などが普及するには，従来のものと比べて優位性が高いことが必要です。今までのものと比較されるので，代替物としての魅力がなければ，誰も変えようとしません。子どもの読書の場合，好きなときに好きな本を読むことは宿題に対して比較優位性がありますが，テレビやスマートフォンに対して優位性を感じるかどうか，かなり個人差がありそうです。

2）適合性

新しいアイデアや技術は，その人の生活にフィットしなければなりません。新規性が高くても，取り入れるために生活を大幅に変える必要があるものは，採用されにくいものです。子どもの読書の場合，学校と勉強，習い事などの合い間，そして寝る前のちょっとした時間で楽しめます。テレビ鑑賞など，決まった時間と場所でしかできないこと

よりも，いつでもどこでも楽しめる読書は，時間的制限の多い子どもの生活にフィットします。

3）わかりやすさ

　　使う人にとってわかりやすいアイデアと技術は採用されやすいものです。好き嫌いは別として，すべての子どもは本の使い方がわかります。

4）試用可能性

　　新しいアイデアと技術を採用するとき，高い精神的・金銭的なコストが必要であれば，簡単に手を出せません。それは，採用してから自分に合わないとわかったとき，損失が大きいからです。ふつうは投資にかかるリスクを慎重に考えます。ところが，本格的に採用する前に試用できれば，リスクが減り採用しやすくなります。

　　たとえば，「スキーに行こう」と友だちに誘われました。行く前に道具一式を買う必要があればあきらめるかもしれませんが，レンタル品があれば気軽に参加できます。読書の場合，投資のリスクは少なく，子どもは読書するために本をたくさん買う必要はありません。図書館はレンタルスキーのような存在です。好きなだけ本を無料で図書館から借りられますので，試しても損はしません。

5）可視性

　　流行に乗り出したら，自分が乗っていることを周囲にアピールしたくなることがあります。周囲に見られなければ，流行に乗る理由はあまりありませんが，採用したアイデアや技術が周囲の人に気づかれやすいほど，流行に乗っていることが伝わり，普及しやすくなります。家で密かにすることは流行りにくいので，周囲に見られた方がよいのです。

子どもの読書は（今まで）家ですることが多かったけれど，学校の休み時間に友だちの目の前で読んでいる子どもがいれば気になりますから，読書はもっと流行りやすくなります。

もちろん，新しいアイデアや技術は急に広がるわけではありません。人の行動の変化には時間がかかります。広げてくれる人も必要です。早く動き出す人もいれば，なかなか流行に乗らない人もいます。早い人からかなり遅い人まで，ロジャーズは採用者を5つの区分に分けています。

1）イノベーター（innovators）

　　イノベーターは新しいアイデアや技術を最初に採用する人です。必ずしも発明者ではありませんが，誰よりも早く気づいて動き出します。リスクを負いますが，見識とゆとり，そして社会的地位があって，まわりの意見を気にせずに自分で新しい物事を楽しんでいます。

2）アーリーアダプター（early adapters）

　　このグループはイノベーションを早く取り入れますが，イノベーターよりも取捨選択をして，自分の地位を意識しています。オピニオンリーダーとしての影響力が大きい存在です。

3）アーリーマジョリティー（early majority）

　　このグループはアーリーアダプターに影響を受けて，少しの時差で採用します。流行を追いかけるタイプです。約3人に1人はこのタイプになります。

4）レイトマジョリティー（late majority）

このグループも全体の3分の1を占めますが，流行にす
ぐ乗らず，慎重に行動するタイプです。新しいことを多少
警戒するところがありますので，流行を採用するときにも
自分が目立たないことを確信してから動きます。

5）ラガード（laggards）

　最後に採用するのはこの遅めの層です。あまり新しいア
イデアや技術に興味がなく，身内と親友以外のつきあいが
あまりないので，社会性が低い存在です。流行が終わって，
古くなってから乗ることが多いようです。

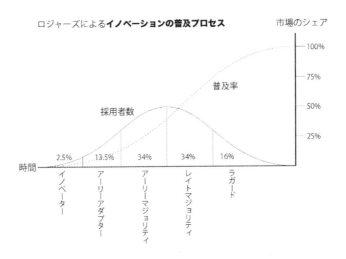

ロジャーズによる**イノベーションの普及プロセス**

市場のシェア

普及率

採用者数

2.5%　13.5%　34%　34%　16%

時間

イノベーター　アーリーアダプター　アーリーマジョリティ　レイトマジョリティ　ラガード

100%　75%　50%　25%

　採用者の人数をグラフで表すと，ベルカーブ（正規分布）を
描きます。早い人と遅い人は比較的に少ないですが，トレン
ドが中盤にさしかかると採用者が一気に増えます。マジョリ
ティ（多数民）と呼ばれる2つの区分はあわせて全体の3分
の2を占めています。

子どもの読書はもちろん「新しいアイデアや技術」ではありません。しかし，子どもが成長して，各段階で世代が変わるたびに新しくなっています。初めて自分で読めるようになった小さい子や，学校に通い始めた子，家にあまり本がない子などにとって，読書体験は新鮮なものに感じられます。学校に入学してから，初めて読書に出会う子どもは大勢います。そういう意味では，学校という環境は流行をはぐくむ可能性に満ちています。しかし，流行を引き起こすイノベーターとアーリーアダプターが必要です。

　子ども司書はその役割を果たします。

### 4.3 子ども司書はアーリーアダプター

　子どもは読書のイノベーターにはなりにくいと思います。それは，読書という行動自体は新しくないからです。子どもから見れば，イノベーターの役割を果たしている人は，学校図書館のスタッフとか子ども司書養成講座を企画する司書なのかもしれません。現に，司書や図書館の仕事に魅かれて講座に参加する子どもは多いようですが，その子どもたちはアーリーアダプターになります。

　講座を受けた子ども司書はアーリーアダプターとして，自分が楽しく読んでいる姿をまわりの子どもたちに見せたり，本を話題にしたりして，読書の魅力をいわゆるアーリーマジョリティとレイトマジョリティの子どもたちに感じさせます。読みたい本を教室に持ち込んで，空いている時間に楽しそうに読んでいるだけでも，「本を読む子は格好いいね！　楽しそう！」という印象を与えます。アーリーアダプターである

子ども司書は，影響力があるからこそ，自分の行動が見られることによって読書の宣伝役になります。しかし，アーリーアダプターは自分の地位を意識しますので，その不安を自信に変えることも養成講座の目的の一つです。

　読書好きな子どもは，本当に影響力があるのでしょうか？読書が好きな子どもは，教室でそれほど重要な地位を持っているのでしょうか？　友だちとわいわいするよりも，一人で家や図書館にこもることが好き，という地味な人ではないでしょうか？　もちろん，そういう子どもはいます。しかし実は，子ども司書になってみたい子の多くは，典型的なアーリーアダプターです。読む子どもの中でも，行動的，リーダー的な子どもです。実際に養成講座に通ってくる子どもたちを見て，そう思います。

　読書が好きな子どもはそれなりにいますが，その多くはいわゆる「マジョリティー」の層です。マジョリティーは周囲にそれほど強く影響を及ぼしません。この層の子どもたちは慎重なので，周囲の目を気にして教室での読書を控えています。しかし，子ども司書は教室の雰囲気をつくり出すオピニオンリーダーなので，マジョリティーの子どもはそれを見て，同じように読書をしたくなります。

　子ども司書の養成講座を実施しているところはまだ比較的めずらしく，全国の1,724自治体のうち，実施しているのはまだ1割をちょっと超える程度にすぎません。講座を行う自治体はは年々増えていますが，一つ一つの講座で養成できる人数は少ないので，参加層は関心の高い子どもにとどまっています。しかし，それはある意味では理屈に合っています。少数であるアーリーアダプターの子どもさえ参加すれば，受

講した子ども司書は教室に戻って，自分でマジョリティー層の読書の輪を広げます。今のところ，「子ども司書」という新しいアイデアに魅かれて，講座を探して参加しようとするのは，関心の高いアーリーアダプターの子どもたちです。

ところが，戦略的な普及は確実ではありません。状況によって，イノベーションは最大範囲まで普及し切れないことがあります。ロジャーズによれば，新しいアイデアや技術に弱点があったり，他のイノベーションとの競争に負けたり，知名度が上がらなかったりする場合があります。したがって，後押しが必要なときもあります。

子ども司書，特にアーリーアダプター的な子ども司書は，普及に馬力をかけてくれます。「ほかのメディアもあるけれど，私は本が楽しいよ！」というメッセージを態度で示す仲間がいれば，子どもへの読書の普及は失速することなく，至るところで広がる可能性が膨らみます。失速を避けるためには，アーリーアダプターを集めればよいと思います。

### 4.4 子どもの人間関係

子どもに本をすすめるとします。親に「おもしろいから読んでみたら？」と言われるよりも，友だちに同じことを言われた方が読みたくなります。

何が違うのでしょうか？

親がすすめる本は親の趣味で「おもしろい」のだ，と子どもは思ってしまいます。それに対して，友だちが「おもしろい」とすすめる本は自分の趣味にも合うだろう，と子どもは思えます。少なくとも，子どもはそう解釈します。親の趣味

と友だちの趣味とでは，友だちの趣味を信用できます。

　問題は，大人と子どもの好みは違うことです。あの苦いコーヒーとか，退屈なクラシック音楽とか，わざわざニュースを選んで観ることとか，子どもから見れば，大人の好みは理解しがたいものです。一方で，ほかの子どもの好みは，自分の好みに合う可能性がずっと大きいのです。

## 4.5　子どもは自立を求める

　ところで，子どもはなぜ大人から自立したがるのでしょうか？　なぜ自分たちであれだけ影響し合うのでしょうか？

　その答えの一部は発達心理学にあります。認知心理学者のスティーブン・ピンカーは『心の仕組み　人間関係にどう関わるか』という 1997 年の著書（日本語版：NHK 出版，2003）の中で，子どものピア（同世代の人）との関係づくりについて書いています。

　人間という動物の平均寿命は，ごく最近まで 40 歳前後でした。世代間の年数を考えれば，子どもがやっと育ち終えて大人になったころに，親は死んでいなくなりました。つまり，子どもが成人になってからは，親からのアドバイスを期待できません。そうなると，子どもは親の死後に自分の力だけで生きていかなければなりません。10 代にさしかかったら，子どもは自立する準備を始めなければなりません。そして，子どもが大人になって頼りにできるのは，親の世代ではなく，自分と同じ年代の人たちだけです。10 代になると，最も大切にしなければならない関係は，ピアです。これは，人間の進化の中で生まれてきたある種の本能です。親離れと，ピアと

の絆づくりが，生き残り戦略として欠かせない発達段階となるのです。

ピアの重要性は，親の死後だけではなかったそうです。最近までの多くの社会では，子どもの離乳から思春期までの子守りと子育てを担ったのは親ではなく，年上の子どもでした。大人は生計を立てるのに忙しかったので，子どもを相手にする余裕はあまりありませんでした。子どもはもちろん大人を観察したりまねしたりしましたし，しつけも多少受けましたが，親の直接的な教育は少なかったようです。周囲の子どもの意見と助言を聞き入れることは，生きるために重要でした。成人するまで，子どもはまるで子どもだけの社会に住んでいました。

さらに，文化的な理由もあります。

文化人類学者のマーガレット・ミードによれば，文化とは「親たちから子供たちへと伝えられる学習された行動の体系的総体」です。しかし，「文化が学習された行動」だということは間違いありませんが，文化は子どもから子どもへと伝えられるものだと最近の研究でわかっています。

文化というのは，簡単に言えば，生活のスタイルです。生きるための生理的な営みに対して，それらをどのように行うかが文化です。たとえば，言語を習ってコミュニケーションに使うことは人間の生理的な営みであり，すべての人ができますが，どの言語を話すかは文化によって違います。言葉，習慣，マナーなどはすべて文化の要素です。時間観とか遊び観もそうです。生活を円滑に送るために，集団で暮らしている人々は同じ言葉やマナー，時間の感覚，遊び方などを身につけていきます。現代の子どもは小さいころには親から文化

を習いますが，学校に入るころからは主に友だちから文化を習って身につけます。子どもの生理的なニーズを満たすのは親ですが，社会的なニーズを満たすのは主にピアです。

　子どもが自分の帰属性を考えるとき，親よりもピアとの関係を自分のアイデンティティとしています。親は子どもを自然に受け入れますが，ピアに受け入れてもらうためには動力が必要です。「子どもはどの年齢層でも仲間うちで成功する方法を考えだし，そうした戦略を親が押しつけるものよりも優先させる。」（ピンカー『心の仕組み　人間関係にどう関わるか』下巻，p. 42)

　アンドリュー・ソロモンは『「ちがい」がある子とその親の物語』(海と月社，2020) の中で，子どもの「垂直アイデンティティ」と「水平アイデンティティ」を述べています。著書では障害児などの子どもについて書いていますが，このアイデンティティの分類はどの子どもにも当てはまります。垂直アイデンティティは，人種や国籍，宗教など遺伝や家庭環境を通して親から受け継がれる，子どもがあまり選択できない要素です。親はこの垂直アイデンティティを大切に思い，子どもに強要しがちです。一方，水平アイデンティティは，子どもが自分のピアとつくるアイデンティティです。共感できる人，趣味や特徴が似ている人，自分が溶け込めるグループの人などは水平関係にあります。子どもは，水平アイデンティティこそが自分のアイデンティティだと思うことが多いのです。

　環境の変化によって，社会の習慣などは少しずつ変わっていきます。子どもは親より早く環境の変化に対応します。親離れを進めるためにも，子どもはあえて違う行動をして，文

化に差をつくっていきます。人は世代やグループの違いに敏感なので，出会う人はどんな人か，巧みに読み取れるようになります。他人の文化が自分の文化と似ているほど，人間関係は調和しますが，文化が異なると，摩擦と不理解が起こりやすくなります。幼児はそれほど深く考えず，大人を信用しますが，大きくなってくると，子どもは少しずつ親や教師など，大人の意見を聞き入れなくなってきます。子どもは親から離れて，友だちに寄り添う証として，友だちの文化を重視して身につけていきます。そのために，子どもは真剣に友だちの趣味と言動を細かく観察して，地位を勝ち取っている人をまねします。

　同時に，親（3人目の親のような存在である教師を含めて）の影響力がだんだん衰退します。自分の生活に立ち入ることのできる親や教師に対して反発しがちになります。思春期は特に，子どもは自立したいあまり，親や教師の趣味や言動をあえて拒否して，声かけを無視したくなります。仮に自分が本当にしたいことがあっても，大人がすすめるからこそ拒むことがあります。（子どもは司書の声かけが受け入れやすいようですが，それは，司書は教師や親と違って自分と上下関係になく，強制することがないからかもしれません。司書のアドバイスを受けても無視しても，特に問題はないので，子どもは安心して話を聞きます。）結果的に，従来の読書推進計画の進め方は，10代の子どもの心理から言えば，逆効果になっていたかもしれません。

　逆に，同じ年齢層の子どもの意見と，友だちの目に映っている自分の反応が非常に気になってきます。これは特に，小学校高学年から高校までの年齢層に強い傾向です。なぜなら，

子どもが親から独立することを始めようとしている年齢だからです。

　ゲームやテレビ番組の好みは子ども同士の話し合いによってどんどん広がります。友だちと気になっていることを話さないではいられません。そして，友だちが話題にするゲームとテレビ番組が気になって，自分でも見たり遊んだりしたくなります。

　そういうわけで，子どもは親や教師にすすめられた本よりも，友だちがすすめた本の方を魅力的に感じるはずです。仮に同じ本であっても，教師がすすめたら興味がわかないかもしれませんが，友だちの一言ですぐに読みたくなります。

　これは大変単純化した説明ですが，子どもが友だちにこそ影響されやすくなっている理由は，大まかに言えば，この自立願望からきています。

　子ども司書の取り組みはこの心理を活かしています。講座を受講する子どもは，司書や教師の仕事を軽く体験します。子ども司書の教室や友だちぐるみの活動には，本来は大人の関与は特に必要ありません。オピニオンリーダーである子ども司書たちはピアの目には格好よく映るので，教室で読んでいると周囲の子どもはまねします。これは，年ごろの子どもたちにとって，やりたくてたまらないことのはずです！

# 5章 「子ども司書」取り組みの開始

## 5.1 矢祭町の取り組みから

　「子ども司書」の取り組みが誕生したのは，福島県の南部にある矢祭町という小さな町です。

　矢祭町は当時，書店も図書館もない町だったので，子どもたちは学校以外ではほとんど本に触れることなく育っていました。そんな思わしくない状況を心配する町民は多くいました。人口6,300人あまりの山沿いの町ですが，小学校は当時4校あったほど，人は広く分散して住んでいます。交通機関も乏しく，都会につながる列車は1日に往復8本しかないので，生活には自家用車が欠かせません。子どもにとって，矢祭町はとても狭い世界でした。「子ども司書」の取り組みは，そんな町に住む子どものニーズをなんとか満たそうとする気持ちから生まれました。

　町長や教育長にとって，子どもにとって本に触れる機会が少ないことは切実な問題でした。でも，小さな町には財源が乏しく，図書館という大きな施設を建てるほどのお金はありませんでした。公共図書館は夢の夢でした。

　そのような中，ひらめきが生まれました。新しい図書館の建設は無理でも，使われていない古い武道館がありましたので，改装すれば図書館をつくることは可能です。ボランティ

アを活用すれば，あまり費用はかかりません。町のムードは上々で，現実味が出てきて，図書館の設置が動き出しました。町民は武道館に集まって，作業にとりかかりました。

しかし，新しい問題が浮上しました。図書館をゼロからつくるので，既存のコレクションはありません。肝心な本の確保は大きな問題として残っていました。町の予算から少し図書購入費を出すことはできそうでしたが，開館時までに必要なコレクションを別の方法で揃えなければなりません。

図書館ができても，子どもたちのための本が十分に揃わなければ，それまでの努力は無意味になってしまいます。当時の高信由美子教育長は，福島市で開かれた会合でその危惧を訴えました。その会合は故郷の活性化を考える有志の集まりで，地域で影響力のある人が大勢出席していました。高信教育長は，本の寄贈による図書館づくりの夢を語りました。「本を買うお金はないので，誰かに恵んでもらうしかありません。」

高信教育長は参加者に向けて言ってはみましたが，実現の見込みのない，ただの嘆きでした。しかし，毎日新聞社の福島支局長がその話を聞いて，興味を持ったのです。支局長は，除籍本の処分に困っている図書館が多いことを説明しました。

「焼却すると，『税金で買った本をなぜ燃やすのか？』などと騒がれてしまいます。再利用の方法を常に探しているらしいです。声をかければ，譲ってくれるかな。古い本しか来ないかもしれませんが，寄贈本でつくる図書館の夢は意外とかなってしまうかもしれません。」支局長はさっそく，高信教育長の講演を全国版の記事にしてくれました。

すると，寄贈本が集まり始めたのです。封筒に入った本，

箱に詰まっている本，車で届けられた本……。毎日のように集まってきました。しかも，除籍本だけではなく，新刊本も届き始めました。「矢祭もったいない図書館」が話題になるにつれて，賛同して協力する図書館や個人は増えていきました。

　目標にしていた2万冊はすぐに集まりました。それでも本は続々と届き，やがてストップをかけなければならなくなりました。寄贈された本は45万冊にもなりました。このようにして，矢祭町は図書館とコレクションを手に入れたのです。

　しかし，それでも何かが欠けているという感じがあったそうです。単なる貸出サービスだけでは，子どもたちが本に触れる毎日は簡単に実現しません。「矢祭もったいない図書館」だけでは，高信教育長が目指していた「本を通しての子どもたちの教育」が実現しません。子どもと本の出会いをもっと密なものにしたかったのです。読書を習慣化するためには，もう一つの工夫が必要だと感じていました。

## 5.2 子ども司書養成講座の誕生へ

　「矢祭もったいない図書館」の開館からしばらくすると，佐川二亮氏から救いの電話がかかってきました。佐川氏は「朝の読書運動」の提唱者の一人であり，「家読（うちどく）運動」の生みの親でもあり，子どもの読書を精力的に推進している人です。さらに，佐川氏は矢祭町出身で，高信教育長の旧友でしたので，「矢祭もったいない図書館」と町の子どもたちに深い関心を持っていました。佐川氏は自分の子どものころを思い出し，本に飢えている矢祭町の子どもたちの読書の

悩みは他人事とは思えませんでした。

　佐川氏は高信教育長に電話をしました。「文部科学省の『子ども読書の街づくり事業』という企画競争公募があるよ。子どもが中心になる企画をつくって応募してみてください！」

　逃してはいけないチャンスがまた訪れた，と高信教育長は思いました。さっそく考え始めましたが，締切が迫っても，コンペに出せそうな魅力的な案はなかなか浮かびませんでした。しかし，残すところあと2日というところで，高信教育長はまたひらめきました。職員に話すと，「いける，いける」と乗ってくれました。みんなでバタバタしながらすごい勢いで資料をつくり，提案書はなんとか締切に間に合いました。コンペに出した企画は，「子ども司書養成講座」でした。

　矢祭もったいない図書館のボランティアスタッフがもっと必要で，子どもが参加してもいいじゃないか，と高信教育長は考えました。「夏休みの推奨図書を，子どもたちが選んでもいいじゃないか」という発想が原点でした。

　「子ども司書養成講座」の提案は晴れて採択されました。突然のひらめきから短時間でつくった企画だったにもかかわらず，コンセプトのわかりやすさと新鮮さが文部科学省の審査委員を魅了したのです。

　子ども司書を図書館や学校に送り出して，読書の推進を手伝ってもらうことが最終的な目標でしたが，その前に，まず子ども司書になりたい子どもを募り，講習を行い，養成をしなければなりません。どんな内容の講習が必要でしょうか？どのぐらいの時間が妥当？　ちょっとした説明程度では，意識は高まらない，と高信教育長は思いました。積極的に活動してくれる子どもたちを養成するならば，図書館や読み聞か

せなどについて，きちんとした教育をした方が望ましいだろうと考えていました。司書になるための講習は何百時間に及びますが，図書館の仕組みと司書の仕事がわかるような司書課程の子ども版をコンセプトに，養成講座の具現化にとりかかりました。

しかし，何十時間もの講座は子どもにとって大きな負担になるのではないか？　これほど長い講座はほとんど聞いたことがありません。果たして子どもは最後まで続けてくれるか，心配でした。保護者が協力してくれるかも，心配の種でした。

## 5.3 いよいよ講座開催

講座の要項はようやくまとまりました。小学校4年生から6年生を対象とし，半年にわたる16コマの講座になりました。子どもは最低12コマに出席しなければなりません。毎回出席すると延べ41時間になる，大規模な講習になりました。

「本の分類」や「貸出と返却」，「本のカバーかけ」，「本の紹介カードづくり」といった図書館の仕事はもちろん含まれていましたが，それだけでは，図書委員や図書館ボランティアの養成講座とあまり変わらない内容になりますので，読み聞かせや子ども同士のかかわりを促す内容も加えました。「おはなし会の本の選び方」や「読み聞かせ」，「パソコン講座」なども盛り込まれ，子どもが子どもに本と読書をすすめる内容を加えました。図書館見学や俳句講座など，教養を高める内容も盛り込みました。そして最後に，図書館での実習とレポートの提出を経て，受講を完了した子どもたちは，授与式で「子ども司書」に認定されました。

高信教育長は，最初の講座を心配しながら準備しました。子どもは本当に講座に集まってくれるのか，最後まで参加してくれるのか，予測がつきませんでした。保護者の賛同とか，子どもの送迎，部活との兼ね合いなど，自分でコントロールできない要素はたくさんありましたが，結果的に心配する必要はありませんでした。募集のチラシを学校で配布すると，子どもから順調に応募が来ました。保護者は子どもを図書館まで送迎してくれました。高信教育長自身も，交通手段のない子どもを自分の車で送迎しました。友だちに誘われて軽い気持ちで応募した子どももいましたが，本好きな子どもの雰囲気にのまれて，積極的に参加するようになりました。反響は期待した以上によかったのです。

　高信教育長は，『小五教育技術』2013年10月号で当時のことをこのように述べています。

　「『矢祭もったいない図書館』では，設立準備のころから，たくさんのボランティアの方が働いてくれています。汗まみれ，埃まみれになりながらも，『将来を担う矢祭の子どもたちのために』とお手伝いしてくださっています。そんな気高くも，思いやりのある志をもった大人たちと活動をともにするだけでも，子どもたちの心に栄養が注ぎ込まれるのではないでしょうか。『子ども司書』を通して，しぜんと心の教育ができれば，こんな嬉しいことはありません。」

　企画の開始から認定式までの道は，矢祭もったいない図書館にとっても，受講した子どもたちにとっても長かったですが，最初の子ども司書養成講座は大盛況でした。

## 5.4 子ども司書の広がりと批判

　子ども司書養成講座への注目は普及の予兆でした。矢祭町での第1期の講座が終わらないうちから，うわさが広がり始めました。ほかの地域の図書館が風の便りを受けて，自分たちの講座を計画し始めたのです。高知県の最初の講座は急ピッチで準備され，結局，矢祭町の講座とほぼ同時に終わりました。次の年に，栃木県の小山市立中央図書館，青森県板柳町の教育委員会，広島県の教育委員会，佐賀県の伊万里市民図書館，岐阜県の恵那市中央図書館，そして千葉県の柏市教育委員会が，早くも子ども司書の養成を始めました。普及はしっかりと始まっていったのです。

　しかし，ちょっとした逆風もありました。高信教育長に抗議の手紙や電話が来て，子ども司書の趣旨に賛同しない人は少なからずいました。「子ども司書って何だ？」とか，「こんなふざけた企画を考えた人は本当に教育者なのか？」とか，意外と厳しい批判もありました。「子ども医者はあり得ないでしょう？　子ども弁護士はあり得ないでしょう？　だったらなんで子ども司書はあり得ると思うのですか？」

　当時，トヨタ自動車による「子ども店長」の宣伝キャンペーンの最中でしたので，CMのイメージが子ども司書に重なっていたかもしれません。ほとんどの抗議は司書から来ました。ベテランの司書は特に敏感でした。司書という仕事がまだあまり知られていないころから，頑張って市民権を勝ち取ってきた図書館員たちは，自分の地位を守ろうとしていたのだと思います。「司書の仕事は子どもでもできると思われたら困る！」とか，「司書から仕事を奪うためのボランティア養

成講座ではないか？」とか，心配の声が上がりました。子ども司書の知名度はまだ低かったので，名前だけで判断されていたかもしれません。

　しかし，子ども司書の養成講座と認定者の数が増えるにつれて，図書館界でも知名度が上がってきました。子ども司書の趣旨を説明されたら納得する人もいれば，頑として反対する人もいまだにいますが，子ども司書が図書館とコミュニティにとって有益な存在になることを理解してくれる人は増えています。

## 5.5 子ども司書の取り組みの普及と今後

　子ども司書養成講座の普及は，有機的に始まりました。矢祭町の講座は，もともと地元の子どものために開発されたものでしたので，ほかの自治体で応用するための配慮は特にありませんでした。新聞などで講座の様子が報道されたものの，矢祭町は子ども司書を制度として積極的に宣伝していたわけではありません。

　しかし，「子ども読書の街づくり事業」は全国の自治体が参考にできる工夫を募るための助成事業でした。文部科学省が企画競争公募したのは，優良な企画を奨励するためだけではなく，優れたアイデアを募り，事例として広く知らせて，共有することも目的でした。矢祭町の子ども司書養成の過程と成果が事例として公表されたため，多くの自治体の目にとまったのです。

　矢祭町の子ども司書講座を参考にして，独自の講座を企画する図書館と教育委員会は年々増えていきました。最初の講

座から3年目，子ども司書は早くも「制度」になりつつありました。多くの自治体にとって，子どもの読書推進の企画をゼロから考えるよりも，実績のある企画を模倣した方がよかったからです。また，独自性にこだわるよりも，広く認められている知名度のある制度は導入しやすく，評価につなげやすかったからです。

　これからの課題の一つは，「子ども司書」の取り組みの知名度をさらに上げることです。一般社会の認識が高まれば，子ども司書は活動しやすくなります。文部科学省の「第四次子供の読書活動の推進に関する基本的な計画」には明記されていますので，以前より多くの図書館や自治体が意識するようになりましたが，社会全体ではまだまだ知られていない状況です。図書館が子ども司書を養成していることを，地元の学校などに広めてほしいですし，市政だよりなどを通して住民にも子ども司書の存在をアピールしてほしいと思います。

　新聞やテレビは時折，子ども司書養成講座を取材したり，イベントを報道したりします。マスコミは明るい話題や子どものことを取材したがりますので，声をかければイベントなどに来てくれます。新聞記事やテレビの放映はイベントが終わってから発信されることが多いので，イベントへの参加を募る宣伝的な効果はあまり期待できないかもしれませんが，子ども司書のことが話題になれば十分です。これは子ども司書に特有の問題ではないと思います。社会の子どもの読書に対する意識は薄いですし，人々の記憶にとどまる時間はわずかです。だからこそ継続的な活動が必要なのです。

　子ども司書の講座がすべて「子ども司書養成講座」と統一して呼ばれれば，知名度はもっと高まるかもしれませんが，

実は各地の養成講座は多様な名称で実施されています。いずれも「子ども司書」の取り組みに則って実施されていますが，さまざまな理由で独自の名称をつけています。共通の名称で活動を展開した方が望ましいと思いつつ，各図書館や自治体特有の事情や意向は否定できません。

　たとえば，千葉県の八街市立図書館と愛知県の田原市立図書館の講座は，中学生だけを対象にしています。そうすると受講者にとって「子ども」という名称には抵抗があるため，「ジュニア司書」という表現を使っています。福岡県では，司書という国家資格との区別を明確にするために「司書」という言葉を避けています。子どもたちには図書館ボランティアではなく，読書リーダーになってほしいので，「小学生読書リーダー」と呼んでいます。

　あるいは，自治体によっては，中身が子ども司書であっても，地元ならではの独自性をアピールしたり，既存の読書推進計画に合わせたりする例があります。長野県塩尻市の「信州しおじり子ども本の寺子屋『塩尻市図書館マスター』」という鮮やかなネーミングの講座はその一つです。

　子ども司書講座の設置と実施は各地の好意で行われていますので，各々の土地の事情を認めなければならないと思います。森茜氏が述べたように，子ども司書はアイデアだけの運動だからこそ，場所とコンテンツのある自治体に依存しています。そのため社会への周知は少し遅くなるかもしれませんが，子どもの読書文化を促進するために，全国の自治体が子ども司書の取り組みを自分のものにしてくれれば，それでよいのです。

## 5.6 子ども司書推進プロジェクト

　最初に子ども司書養成講座をつくった矢祭町の人たちは，かなり悩んだそうです。前例もなく，相談できる相手もいなかったからです。しかし，ほかの地域の図書館は矢祭町の前例があったので，比較的に楽に企画できました。企画が増え始めたとき，開講のハードルをさらに下げるために，情報と工夫を共有した方がよいのではないかと，矢祭町の仲間たちは考えました。

　「子ども司書推進プロジェクト」は，もともと「子ども司書推進全国協議会」という名称で，2011（平成23）年2月に発足しました。最初の矢祭町の講座が発足してから3年目でした。子ども司書の協議会は当初，「家読推進プロジェクト」の姉妹組織として結成されました。矢祭町の高信教育長と佐川氏は「家読推進プロジェクト」の役員でもありましたので，有機的な連携ができました。

　しかし，しばらくすると軌道修正が必要になりました。特に，固く聞こえる「協議会」という名前が気がかりで，そこから「基準」とか「認定」を連想する部分があったからです。組織の柔らかい性格を正しく表現する名前が必要だ，ということから，「家読推進プロジェクト」にならって，より親しみやすい「プロジェクト」という名称に改称しました。「子ども司書推進プロジェクト」は2013年12月に再出発しました。

　プロジェクトの主な目的は，子ども司書の取り組みの普及と充実です。立ち上げた当時は，情報共有のニーズが顕著でした。子ども司書の取り組みへの関心が全国的に広がっていったので，子ども司書を養成する団体のネットワークをつく

ることが望ましいと感じられるようになりました。

　制度や基準がないことで，講座を始める担当者が不安になるのは当たり前です。独自の目標を立てて，講座の要項をすべて自分で考えることは容易なことではありません。講座を始めたくても，講座を企画した経験がない司書が突然担当者に抜擢されたら，心細いことでしょう。参考にできる事例がほしくなります。優良な事例があれば，あるいは相談できる経験者がいれば，もう少し自信を持って準備にとりかかれます。

　子ども司書関係の情報を探しやすくするために，「家読推進プロジェクト」のウェブサイトを使うことにしました。多くの図書館やPTA，教育委員会などはすでに家読を推進していますので，「家読推進プロジェクト」の連絡網とウェブサイト上の交流はかなり活発です。子ども司書の情報を早く提供するために，とりあえず「家読」のサイトに便乗したのです。すると，子ども司書について意図的に検索しなくても，偶然に見つける図書館や教育委員会は多くありました。

　当初から，プロジェクトの主な活動は「子ども司書」の取り組みを推進すること，情報交換を促すことなどでした。具体的には，

・「子ども司書」の取り組みのガイドラインを考える
・マニュアルを作成する
・メンバーの交流と協議を通して講座の質的向上を図る
・全国子ども司書研究大会を開催する
・子どもの読書についての研究を促進する
・「子ども司書」の取り組みの知名度を上げる
・養成講座の立ち上げを援助する

・「家読推進プロジェクト」およびその他の読書推進団体と連携する

・子ども司書の活動例を集めて公表する

など，多岐にわたる活動を展開してきました。現在も「子ども司書」の取り組みの質の向上を図るために，交流とアイデア交換を中心に活動しています。また，インターネットサイト「うちどく.com」や「FM ゆーとピア」の「子ども司書だより」という月刊ラジオ番組を通して，メンバーの活動内容を集約し公開してきました。

## 5.7 制度化の是非

「子ども司書」の取り組みはかなり自由度が高い取り組みです。講座のカリキュラムや認定後の子ども司書の活動などは，開講する団体によって違います。講座の開催時期や対象年齢，会場に使う図書館などの施設，講師と教材など，開講する自治体の事情によってすべて異なります。たとえば，子どもが広範囲に住んでいる地域では，送り迎えを考えなければなりません。スタッフの人数が少ない図書館では，外部講師の確保を考えなければなりません。研修室を持たない図書館では，会場を工夫する必要があります。その結果，色とりどりの講座が各地の施設と人材にふさわしい形態に調整されています。

「友人同士で本をすすめ合うなど，読書への関心を高める取り組み」としての子ども司書の有効性を考えれば，全国各地で養成してほしくなります。今より早く広げていくために，文部科学省の後押しがあれば助かります。子ども司書の制度

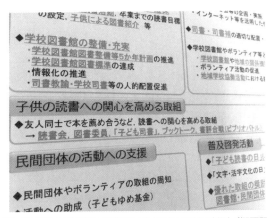

の設定，子供による読書目標，子供による図書紹介 等

◆**学校図書館の整備・充実**
・学校図書館図書整備等5か年計画の推進
・学校図書館図書標準の達成
・情報化の推進
・司書教諭・学校司書等の人的配置促進

・インターネット等を活用した
◆司書・司書補の適切な配置

◆学校図書館やボランティア等と
・学校図書や地域の関係機関
・ボランティア活動の促進
・地域学校協働活動における

## 子供の読書への関心を高める取組

◆友人同士で本を薦め合うなど，読書への関心を高める取組
→ 読書会，図書委員，「子ども司書」，ブックトーク，書評合戦（ビブリオバトル）

## 民間団体の活動への支援

◆民間団体やボランティアの取組の周知
◆活動への助成（子どもゆめ基金）

## 普及啓発活動

◆「子ども読書の日」
◆「文字・活字文化の日」
◆優れた取組の表彰
図書館・民間団体

「第四次子供の読書活動の推進に関する基本的な計画」（概要版）

化を国の政策にして，正式な公認制度にした方がよいと考えている人もいます。

「制度」の縛りを強くすることによって，一貫性のある子ども司書養成ができます。子ども司書はどこでも同じ教育を受けていれば，互換性があって，子どもが引っ越しても新し土地ですぐに子ども司書の資格を活用できるようになります。標準的なカリキュラムの基準があれば，各地で内容を新たに検討する負担がなくなります。

しかし，それは本当に望ましいことでしょうか？

制度化すれば，カリキュラムが固定されます。担当する講師の資格が問われます。受講生を募集する前に講座の認定を受ける必要が出てきます。また，制度の内容と質を保証する認証団体を設立しなければなりません。講座の認定基準を明文化する必要があります。場合によって，子ども司書の認定登録なども必要になるかもしれません。

子ども司書の養成がそこまで制度化されれば，講座の運営がやりづらくなると思われます。そして手続きが煩雑になればなるほど養成講座を行う意欲は薄れて，実施しようとする図書館は減っていくでしょう。

　子ども司書はそもそも，読書の機会を増やすために子どもたちの自由な発想を活かすものです。本好きな子どもが友人に声をかけて，本を読む仲間を増やしていく取り組みです。子ども司書の自主的，主体的な活動にこそ意味があります。自分の力だけで始めることが難しい子どもたちのために，養成講座が開かれているのです。子ども司書養成講座の主役は子どもであって，図書館やカリキュラムではありません。

　図書館によって事情が異なり，簡単に一つの基準に合わせられないことがあります。むしろ，土地の事情や受講する子どもの特性，講師などの創意工夫を活かすことが養成講座の効果を上げるでしょう。各々の地域の条件に合った方法で実施することが成功につながりますので，柔軟に変えられる余地が必要です。

# 6章 子ども司書になる

## 6.1 子ども司書養成講座を始める

　子ども司書を養成するためには，養成講座を立ち上げ，実施する必要があります。日程や会場，運営方法などについての固いルールはありません。現に，すでに実施されている全国の講座は実に多様です。カリキュラムの基本は同じですが，自治体によって独自性を盛り込みながら実施しています。計画するときにはほかの地域の講座を参考にすることがおすすめです。もちろん，白紙から始めてもよいのですが，考慮すべきことがたくさんありますので，初めて講座を企画するとき，以下の事項について検討しましょう。

## 6.2 発案・立案

　前述したように，従来の「子どもの読書活動推進計画」は学校，図書館，家庭を活動の拠点にしていますが，それぞれ限界があります。学校には時間の制限があります。図書館は来館する人にしかサービスできません。そして，行政と学校は家庭の生活に直接関与できません。しかし，子どもの読む意欲は環境と機会に依存しています。子どもは読みたくなれば読みます。子ども同士がもう一つの読書推進の拠点になれ

ば，大きな効果が期待できます。子ども司書の養成が文部科学省の「第四次子供の読書活動の推進に関する基本的な計画」に盛り込まれたのは，それがねらいでした。

　しかし，養成するためには，どのような講座がよいのでしょうか？　自分たちが持っている施設と人材でどんな講座ができるのでしょうか？　どのような子ども司書を養成しましょうか？

　たとえば，子どもの読書を推進するためにリーダーを養成したい，あるいは，まちや学校の「家読」（家族ふれあい読書）運動の一環として養成したい，学校の図書委員をもっと有効な組織にしたい，学校での読書活動を活気させたい——。講座開設に向けての第一歩として，子ども司書の活動のイメージをつくりましょう。

　養成講座を開講するきっかけは，実にたくさん考えられます。しかし，すべてにおいて結果は一緒です。子ども司書は養成され，まちに出て活躍します。優秀な子ども司書を養成するために，養成講座をきちんと計画して，質を保証できる形で立ち上げる必要があります。

　「読書のまち宣言」の主力事業として子ども司書を養成したい，図書館での子どものための夏休み企画として開講したい，生涯学習計画の一環として開講したいなど，子ども司書の活用よりも講座を実施すること自体が目標の場合があります。しかし，結果として図書館の知識と活動するノウハウを子どもに与えることができますので，講座を開く動機として十分です。

　どの目的で講座を始めようと，養成された子ども司書は全国どこでも通用する知識と能力を持ってほしいものです。た

だし，共通にすべき内容さえ盛り込まれていれば，自分のまちの状況に合った養成講座を企画してもよいです。

　学校が独自で発案する場合，部活的に運営するケースと，教育委員会の許可を得て運営するケースがあります。学校が単独で講座を立ち上げようとする場合，講座は小規模になりますが，開講までの準備は非常に簡単です。校長の一存で始められますし，参加する児童・生徒の募集も比較的楽です。その反面，養成した子ども司書は進学したら新しい学校で認められないかもしれませんし，他の学区の子どもが受講したくても受け入れにくいかもしれません。また，校長が交代すれば講座を継続できなくなる恐れもかなりあります。可能な限り，教育委員会の許可を得た方が運営しやすいと思います。

## 6.3 学校と公共図書館の連携

　子ども司書は最終的に地域の学校と公共図書館にまたがる存在になるので，構想の段階から一緒に検討することが望ましいと考えます。最初の段階から連携と協力が整っていれば，より理想に近い養成講座ができます。

　図書館と学校の連携を実現するためには，行政（特に教育委員会）の理解と協力が欠かせません。図書館が単独で講座を開く場合でも，受講生を募集するときに，学校の協力があるのとないのとでは，集まりがかなり違います。たとえば，講座の日程と学校行事をすり合わせて，重ならないように調整することが望ましいでしょう。どちらが譲ってもよいのですが，子どもが受講できない状況だけは避けましょう。

　また，教室ですべての対象者に募集要項を配布してもらえ

れば，興味を持つ子どもとその保護者の目に漏れなく触れます。市政だよりやホームページに要項を掲載したり，図書館のカウンターにチラシを置いたりすることも大事ですが，それだけでは見逃してしまう子どもは多いと思われます。しかも，学校で配られたものには重みがあります。保護者が学校から持ち帰ったチラシを見て，教育委員会のお墨つきの企画だとわかり，安心して応募できますので，そのルートを開拓しましょう。

終了後の子ども司書の活動を展開するためにも，学校の応援が必要です。応援よりも組織的な支援を得るには，教育委員会の協力が必要かもしれません。子ども司書が活動を繰り広げられる学内環境をつくるには，校長の理解を得ることが要ですが，最近の校長は慎重です。学外からの新しい試みに対する不安があったり，責任が重くなると感じたりするようです。教育委員会が子ども司書の養成と活動を支援すれば，校長は安心して子どもに講座をすすめたり，校内での活動を許可したりすることができます。「第四次子供の読書活動の推進に関する基本的な計画」が発足してから，文部科学省は子ども司書を有効な読書推進活動として紹介していますので，教育委員会は前向きに考えてくれるでしょう。文部科学省の推進に加えて，首長や教育長も推進すれば，校内活動の許可を取りやすくなります。

学校では，子ども司書を可能な限り図書館で活用すべきです。子ども司書は学校図書館を活かして活動を展開することが多いので，図書委員としての立場があると活動しやすいですが，図書委員になりたい子どもは多いので「子ども司書を特別扱いにできない」という学校があります。その場合は，

可能な範囲で活動をさせてあげてほしいと思います。あるいは，逆の発想で，図書委員になる条件として，子ども司書養成講座を受けてもらうことも考えられますね。

## 6.4 子ども司書養成講座の構想

　講座の内容をしっかりと教えるためには，最低12時間，可能な限り16時間以上の時間を確保することが理想です。2時間だけとか，1日だけで完結する司書体験講座のような講座もありますが，短時間では子ども司書に必要な教養を与えられず，修了者は「子ども司書」と呼べません。短い講座もとても価値がありますが，子ども司書とは別口で開いてほしいと思います。

　また，受講生の欠席が多ければ，大切な学習ができないだけではなく，ほかの子どもとの絆を十分に築けないので，8割以上は出席しなければならないと思います。主催者の判断によって，欠席を認めないことはもちろん可能ですが，学校生活などで突然の不都合がどうしても起きますので，ちょっとした欠席については容認しなければならないでしょう。

　開講の時期と日程については，子どもの都合と図書館（あるいは学校）の予定のバランスを考えなければなりません。子どもがすべてのコマに出席できるような日程調整をしないと，せっかく養成講座を開いても受講生は途中で脱落していきます。矢祭町など，最初のころの講座は月1回，土曜日などに90分ひとコマという形式で設定されることが多くありました。その方が子どもにとって受講しやすく，図書館のスタッフにとって負担が少ないと考えて採用した形式でした。

しかし，このパターンでは間隔が長すぎて，子どもの変わりゆく予定とかぶることがありました。部活などほかの予定と重なったときに，「次回があるから今回休んでもいい」という具合に，いつの間にか出席不足で認定できない子どもがたくさん現れました。子どもも途中で断念することがありました。

　そうしたことから，最近では夏休みの集中講座が増えています。集中講座の場合，子どもの意欲を最後まで維持できますし，登録の時点で出席の予定を最後まで見通せますから，途中で脱落する子どもはほとんどいません。土曜日開講が持久レースだとしたら，集中講座はゴールが目の前にある短距離競争です。すぐに完走できることが子どもにとってはうれしいことです。

　集中講座（4日間の連続開講，1日おきの開講など）の場合，教えるスタッフの時間の確保が課題ですが，全体の内容を計画しやすく，復習の必要が少なく，子ども同士の絆が育ちやすいなど，メリットが多くあります。夏休みに開講すれば，学校の日程からの影響が少ないため，教育委員会の許可と支援を得やすくなります。

　首長や教育長などから講座を開講してほしいという要望があれば，立ち上げる許可を仰ぐ必要はなくなります。しかし，トップダウンの企画に対して，実施を命じられたスタッフにやる気と意欲があるかどうかが問題かもしれません。準備と運営に抜擢された人に講座を開く意欲がなければ，中途半端な結果に終わります。子どもはまた，そうした雰囲気に敏感です。したがって，立案者が講座の意義を担当者にきちんと伝えなければ，子どもにとって魅力的な講座はできません。意欲を上げるために，講座を実際に担当する人は検討段階か

ら参画すべきです。

　公共図書館は施設的にも人材的にも，講座の運営に最も適している思われます。図書館は学校の夏休み・冬休みの子ども向け企画の一環として，講座を開くことができます。単独で自館の行事として立案して実施すること自体は，教育委員会に断らなくてもできます。一方で，まったく単独で開講する場合，児童・生徒を募集するために各学校の校長と個別に交渉する必要があり，余計な手間がかかります。また，子ども司書の取り組みが周知されず，養成した子ども司書の活動が制限されるかもしれません。教育委員会の理解と支持を得てから講座を立ち上げればスムーズに進みます。

　学校と公共図書館の連携を築くことは，子ども司書の活動にとって重要です。図書館と学校は子どもによってつながっていますので，子ども司書が円滑に活動できるように，そのつながりを組織的なものにすべきです。子どもたちが最もふれ合っている場所は学校なので，子ども司書の活動は主に学校で展開されていくと思います。子ども司書たちがスムーズに図書館と学校を行き来できるように，そのレールを敷きましょう。

　もちろん，公共図書館も子ども司書の大切な活動の場です。しかし，子どもが簡単に図書館に通えない場合があります。たとえば，図書館を設置していない自治体はまだまだあります。あるいは，図書館があっても，子どもの住む場所から遠く離れていることもあります。その場合，県立図書館，あるいは子どもが通える公民館図書室，児童館などとの連携も可能ですね。養成講座はどちらの館種で実施してもよいのですが，図書館の仕組みと司書の仕事に関する学習が可能な施設

で行った方が効果的です。

　講座の担当者は，「活動をしたい子ども司書がいますよ！」
と，活躍できそうなところに広く知らせて，顔をつないでお
けば，子どもにとっても動きやすくなります。

## 6.5 実施要項

　養成講座の開催が決まり，目指したい子ども司書の姿や開
催場所と時期など，基本構想が固まったら，実施要項を書き
始めます。実施要項は受講者募集のチラシと違って，関係者
が要点を共有し，講座を実施するために必要な情報をまとめ
るためのものです。講座の実施計画を書くための「青写真」
でもあります。実施要項は教育委員会をはじめ，図書館，学
校，講師，受講生とその保護者など，関係者全員に配布して，
共通理解を図りましょう。実施要項を途中で安易に変更して
はいけませんが，変えざるを得ない場合はその変更内容を関
係者全員に周知しましょう。子ども司書は何を習っているの
か，何ができるようになるのかなど，同じイメージを共有す
るために，要項を活用しましょう。

---

**子ども司書養成講座　要項（例）**

目的

　　○○市の小・中学校の読書活動を推進し，リーダーとして学
　校や地域で読書の楽しさや大切さを広めていく児童・生徒を育
　成することにより，子どもの読書活動の充実を図るとともに，
　本とのふれあいとその制作過程への理解を通して学力向上を図

---

る。「子ども司書養成講座」は読書好きな子ども同士の交流の場ともなり，各々の学校と学級の読書活動を刺激・促進できる人材を養成する。

## ○○市子ども司書の役割と活動

　「子ども司書養成講座」の修了者は多面的に読書推進活動を積極的に行う。子ども司書は自分の学校では，図書委員会の活動，推薦図書リストの作成，読み聞かせ，朝の読書や調べ学習のための本の紹介，ふれあいタイムの多様化，学級活動の充実などの活動において，リーダーとなる。地域では，公立図書館や公民館，子ども会などの催しに積極的に参加したり協力したりする。家庭では，子ども司書は自分の読書や家族といっしょの読書の時間を一層楽しむ。さらに，子ども司書はボランティアとして公共図書館と学校図書館の活動においても司書や司書教諭を援助できる。

## 期待できる効果

　子ども司書の養成と活用は子どもの読書の質と量の向上につながると期待できる。特に，子ども同士の交流と薦め合いは，本の面白さと読書の魅力を伝えるには，先生と保護者の助言よりも効果的であろう。養成講座は読書好きの子どもを刺激し，学校図書館や地域の図書館への関心を増やし，読書活動推進の気運を高める。また，養成講座を受講することにより，子どもは知的好奇心の満たし方を知り，生涯学習へ関心を持ち，生涯にわたり家庭やコミュニティにおいて読書と図書館利用を促進できるようになる。

　さらに，子ども司書となった児童・生徒は社会人になってか

らも，図書館の支持者として地域で読書文化を支える重要な人材となる。


カリキュラム

1）1日目

　1　オリエンテーション　子ども司書とは？

　2　図書館の見学・探索

　　　（昼食休憩）

　3　基礎（図書館と司書とは？　読書は何のため？）

　4　司書の仕事1　カウンター，レファレンス，検索

2）2日目

　1　司書の仕事2　NDCと分類，目録，配架

　2　本を分類してみよう！

　　　（昼食休憩）

　3　おはなし会の見学と実践

　4　手作り絵本の制作1

3）3日目

　1　インターネットの利用，取材，生涯学習

　2　手作り絵本の制作2

　　　（昼食休憩）

　3　本づくりとスクラップブック

　4　司書の仕事3　ブックトーク

4）4日目

　1　司書の仕事4　選書，修理，保存

　2　ポップを作ってみよう！

　　　（昼食休憩）

　3　子ども司書の仕事と活動の展開

4　認定証授与式

養成方法
・対象学生を小学校 4 年から中学校 3 年の児童・生徒とする
・望ましい受講生は，1 年に 30 冊以上の本を読んで，図書館に関心を持っている児童
・募集人数は 20 名
・講座を小・中学校の夏休みに合わせ，平日を含む 4 日間とする
・一コマ 50 分の講座を，休憩を挟んで 1 日に 4 コマ実施する
・16 コマ中，14 コマ以上の履修は必須である
・修了者には○○市教育委員会の教育長名で子ども司書の「認定書」が授与される
・講師は○○大学の司書養成担当教員および○○市立図書館の司書である

　この要項とは別に，内部用の実施計画書も必要です。実施計画書に講座の基本構想や必要なものを書きます。たとえば，下記があります。
・対象（年齢，人数，参加資格など）
・講座時間
・カリキュラムの概要
・開講の日時
・場所
・担当者
・講師
・児童生徒募集

・予算
・「認定証」と「子ども司書関連グッズ」
・子ども司書の活動構想
・必要な教材
・必要な消耗品

一部は要項と同じ内容です。講師や予算，グッズの有無など
はすべて，開催する図書館の事情に合わせて決めてよいもの
です。

## 6.6 実施の実際

### (1) 子どもの募集

　チラシは児童・生徒募集に欠かせません。学校を介して，
すべての対象学年の子どもにチラシを配ることが望ましいで
しょう。講座を知らずに応募できなかった子どもが出ないよ
うに，全員に配りましょう！　そのほかにも，ホームページ
や市政だよりでの募集活動は，子ども司書と養成講座の存在
を広くアピールする効果があります。したがって，チラシな
どに子ども司書の意義や活動についての簡単な説明も含めま
しょう。

　応募が多すぎた場合には抽選にしたり，講座の回数を増や
したりすることができますが，それは"とらぬ狸"の問題で
すので，とりあえず積極的に募集しましょう。

### (2) 予算

　子ども司書養成講座は，案外コストをかけずに実施できま
す。予算を用意する必要はほとんどなく，図書館が実施する

場合には通常の運営費の中でも実施できるかもしれません。

　お金のかかる項目としては，

・募集チラシの印刷費

・外部講師の報酬

・講座資料の紙代

・ペン，画用紙，のりなどの消耗品費

・修了証書，名札などの費用

・子ども司書グッズ（エプロン，ブックバッグなど）

が考えられます。しかし，外部講師の講師料以外，費用はほとんど通常の運営費と手元にある消耗品で賄えます。

各務原市立図書館は子どもたちにエプロンを渡しています。もらった子ども司書たちは得意気になります。（各務原市立中央図書館）

　認定式のとき，子ども司書に特製グッズを渡している図書館があります。たとえば，図書館でボランティアをするときや，イベントに参加するときに着るエプロンを用意する図書

館もあります。グッズを買うにはそれなりにお金がかかりますが、もらった子ども司書の達成感と帰属意識が高まり、プライドを持って活動に参加しますので、値段以上の価値があります。「読書推進へのいい投資だった」という館長もいます。

ところで、講座のための予算枠を用意する場合、前年度のうちに計画と要項を予算要求に加えなければなりません。場合によっては教育委員会などの決済が必要だと思われますので、予算を要求して準備するか、手元にある用品で間に合わせるか、早めに決めましょう。

## （3） 保険および保護者の同意

保険および保護者の同意が必要であれば、早めに準備をしましょう。

講座は施設内で実施すれば、通常の保険で十分だと思われますが、子どもを引率して見学などに出かける場合は、特別な保険に加入することが必要でしょう。

講座の風景を写真撮影してホームページに掲載したり、報告書に載せたりするなど、いわゆる個人情報を公表することもあるでしょう。そのときに備えて、保護者の同意が必要です。

## （4） オリエンテーション

開講前のオリエンテーションは講座の重要な一部です。初めて長い企画に参加する子どもは、不安を感じている可能性があります。みんなが内容と流れを理解できるように、初回のときに全体の説明をしましょう。

子どもが特に不安に感じることは、知らない子どもと一緒

岐阜市立図書館の第1期子ども司書養成講座のオリエンテーション。子ども
はまだ少し緊張しています。

になることだそうです。グループ作業がたくさんあるので，
ほかの子どもと仲よくできるかが心配だとよく聞きます。講
座には違う学校，違う学年の子どもが集まるため，不安があ
って当たり前です。違う学校や違う年齢の子どもと友だちに
なる機会は，日ごろの生活にはめったにありません。そのた
め，緊張をほぐす顔合わせの企画なども必要です。そうした
機会を通じて，子どもたちはほかの受講生と共通点が多いこ
とに気づき，すぐに仲よくなります。

また，持参するものや送迎，お弁当などについての情報を，事前に子どもにも保護者にも知らせなければなりません。

## (5) 講座の進行

講座の実施期間中は，子どもの様子を見ながら，説明を補ったり，助言をしたり，休憩をずらしたりして，調整しながら時間を最大限に活かすように進めましょう。

年齢の離れた子ども（たとえば，小学4年生と中学3年生）が一緒に講座を受けるので，同じ言葉で説明して理解できるか不安に思う司書もいます。話をどのレベルに合わせればよいのか戸惑います。図書館の仕組みや司書の仕事の話はすべての子どもにとって初めて聞くことですが，用語さえきちんと説明すれば，普通に話しても大丈夫です。小さい子どもの話したり書いたりする表現力は幼いかもしれませんが，理解できる範囲はかなり広いものです。内容を確認しながら進まなければなりませんが，全員が大人の話し方を十分に理解できると思います。

また，写真を撮ったり日誌をつくったりして，講座の進行を記録した方がよいでしょう。それは反省会や次回の開講の参考にできます。講座のたよりを毎回まとめてインターネットに載せて，保護者や学校の関係者が確認できるようにしている図書館も少なくありません。

## (6) 認定書の授与式

認定書の授与式は必須です。子どもたちが子ども司書養成講座に投資した時間を考えれば，それなりの重みのある授与式が必要だと思いますので，実施しましょう。

各務原市立図書館の第1期子ども司書養成講座の認定式。卒業式並みの重みのある式でした。

　センスのある認定書も用意しましょう。子どもは証書をもらうと達成感を感じ，保護者や教師などに見せたくなります。男性も女性も受講しますので，両方が喜ぶ明るいデザインのものがよいでしょう。どの名義で認定書を贈るか，よく検討しましょう。実施した施設の図書館長や校長はもちろんですが，教育長，あるいは市町村長など，講師とは違う人が資格を授与すると，格と重みが増します。

　授与式を実施することによって，子ども司書としての意識

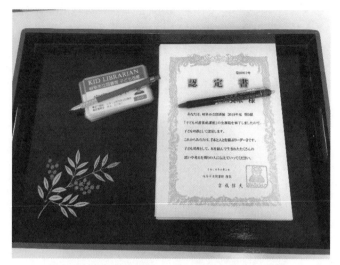

岐阜市立図書館の認定書とカード式の Kid Librarian 証明書

が高まるだけでなく，子ども司書の取り組みの存在がより広く知られるようになります。特に，首長や教育長，子どもたちの担任と保護者も出席すると，子どもの喜びが倍増します。マスコミも呼びましょう。授与式が報道されれば，地域社会への認知度が特に高まるので，子ども司書のその後の活動がしやすくなります。養成した子ども司書を光らせてあげましょう。セレモニーの報道は子ども司書の知名度と，資格へのあこがれを高め，次回の児童・生徒募集の追い風にもなります。

## 6.7 カリキュラム

　カリキュラムは講座の骨子であり，講座の良し悪しを決めますので，しっかりと検討する必要があります。「子ども司書」の取り組みのねらいを達成するためには，カリキュラムを充実させる必要があります。独自性を大切にしながら，取り組みの趣旨を具現化する内容を盛り込みましょう。また，子ども司書が活動する上で必要な知識を習得できる内容も必要です。時間・人手・予算の制限の中で，最善の講座内容を工夫しましょう。

　子ども司書養成講座の内容は，図書館法施行規則に述べられている司書のカリキュラムと多少似ています。大学での司書養成課程では，図書館の制度と業務，必要な技能，読書活動の促進法，コミュニケーション能力などを十分に習得するために，最低24単位と420時間以上の講習が必要です。もちろん，子ども司書に求める能力のレベルは司書と同じではありませんが，1〜2回程度の講座だけでは子どもが司書の技能を身につけて，役割を果たせるわけでもないと思います。したがって，子ども司書の教育に相当時間をかけて，内容をじっくりと伝えることが望ましいでしょう。

　子ども司書の教養と行ってほしい活動を考えると，次のような大きい目標を立てられます。
・図書館の仕組みを理解する
・本の紹介と読み聞かせ方法を学習する
・本のできる過程を体験し学習する
・学校・地域で活動する方法を考える
　これ以外にも，図書館としてやってみたい内容を加えても

よいと思いますが，この4つの目標は欠かせません。

　教える内容の量と子どもの集中力のバランスを考えると，講座全体の時間を15〜20時間程度にし，内容を詰め込みすぎないようにしましょう。俳句教室などのような教養的な内容はおもしろいと思いますが，子ども司書の活動のために必要な内容と，あそび的な内容をバランスよく配分しましょう。たとえば，講座の総時間を16時間に設定するとすれば，図書館の仕事と本の紹介のしかたを中心に位置づけ，地域貢献や本づくりをやや短く教えることが効果的だと思います。

【カリキュラムの時間配分（例）】
・図書館の仕組みを理解する　　　　　　　8時間
・本を紹介と読み聞かせの方法を学習する　3時間
・本の制作過程を体験し学習する　　　　　3時間
・学校・地域で活動する方法を考える　　　2時間
　　　　　　　　　　　　　　　　計16時間

　カリキュラムを検討するとき，まず全体の目標と取得してほしい技能を決めましょう。どんな子ども司書を育てたいですか？　講座が終わったら，何ができるようになってほしいですか？　どんな活動をしてほしいですか？　そのあと，その目標を実現するために何を教えればよいのか，具体的に考えます。目標が明確になったら，その教えたい内容をテーマごとに区分していきます。区分ごとにねらいや，望まれる効果を細かく書くと，講座のレジュメが現れ始めます。思いつきでレジュメを書くと大切な部分が漏れることがありますので，複数の目で確認しましょう。

## 6.8 カリキュラムの実際

　ここからは，カリキュラムの大まかなガイドラインを紹介します。

講座の始まりに図書館を隅々まで見学します。（岐阜市立中央図書館）

### (1)　図書館の仕組みを理解する

　子ども司書が「司書」になったつもりで，図書館を理解することが大きなねらいです。ここでは，図書館を効果的に活用する方法を習います。自らの図書館利用の上達は重要ですが，友だちを手伝えるようになることもねらいです。子ども司書には自分だけでなく，周囲の人にも図書館の利用法を案内できる能力を持ってほしいのです。このねらいを満たすためには，司書の仕事（選書，分類，貸出業務，レファレンス

サービスなど）を学習することが大事ですが，まず図書館の
バックヤードをじっくり見学する時間を設けましょう。子ど
もたちは「関係者以外立ち入り禁止」のところへ立ち入るこ
とができると，関係者になったという実感がわきます。した
がって，司書の仕事を体験する時間も多く取り入れるべきで
す。

分類表を使って，図書館の本を分類します。（岐阜市立中央図書館）

　分類などの話は子どもにとって難しすぎるのではないか，
という意見を時々耳にしますが，講座を受けようとする子ど
もにとって，司書の仕事は大変興味深いものです。多少難し
くても，喜んで挑戦してくれます。本の修理とカウンターで
の作業は特に人気です。自分が修理した本が棚に戻って再び
読まれたときや，自分で利用者に本当に本を貸し出すときな

図書館の本を実際に修理すると実感と興味がわきます。（岐阜市立中央図書館）

ど，子どもは真剣に取り組みます。

　たとえば，各務原市立中央図書館では，子どもたちが選書について習う中で，書店が見計らいで持参した本から1冊ずつ選びます。選んだ本は実際に図書館の予算で買います。初めて選書したとき，子どもは自分の趣味で本を選ぶのかな，と思っていました。しかし，選書方法の説明の中で「利用者の立場に立って，利用者が読みたいと思う本，利用者のため

に用意したい本を選ぶ」という理念を教えると，子どもは真剣に考えました。その本を選んだ理由をポップに書いて添えるときに，子どもたちは自分の考えを一生懸命書きました。実際に図書館の仕事をしたことが，子どもにとって大きな動機づけになり，達成感を生みます。

利用者のニーズを考えて選書をしている受講生です。選んだ本は実際に図書館に入ると思うと，真剣に考えます！（各務原市立中央図書館）

　上記のように，図書館の仕組みと司書の仕事に関する内容を最も多く配分します。ただし，子どもの集中力と理解力を

考えて，すべての内容を一度に紹介することは避けましょう。カウンター業務，レファレンス，分類，修理などをテーマごとに分けて，わかりやすい順番で展開しながら，別の日に少しずつ紹介しましょう。

　教室での座学と図書館で体験しながら習う内容を混ぜながら進めた方が，子どもたちは集中力を維持できます。また，座学で学んだ内容をすぐに体験することによって，定着度が上がります。実践が学習効果を上げると思います。

【図書館の仕組みと司書の仕事について教えるべき内容（例）】
・図書館と司書とは何か（学校図書館と司書教諭についても説明する）
・図書館を実際に見学・探索する
・資料の分類と配架
・資料の修理と保存
・間接的サービス（選書，分類，目録作成）
・直接的サービス（カウンター業務，レファレンス業務，読書案内）
・公共図書館と学校図書館の連携

　この中でも，最初の2つの項目は図書館の基本と司書の全体像を理解する内容として，その後の講座内容の土台となりますので，なるべく早い段階で紹介しましょう。
　さらに，講座のねらいとは直接関係しませんが，受講生の中には将来に司書になりたいと思っている子どもがかなりいます。図書館を将来の職場として見ている子どもがいることを念頭に置いて，話すとよいかもしれません。

利用者と司書の役割をロールプレイしながら，レファレンス業務を体験します。（各務原市立中央図書館）

## (2) 本の紹介と読み聞かせの方法を学習する

　子ども司書の活動は，学校や家庭で周囲の人に本を紹介したり，読書習慣を促進したりすることが主になります。したがって，本を紹介する方法や，読書の魅力を伝える技術を覚えることが肝心です。

　受講生は，自分の好きな本を友だちや家族への紹介する方法を考えます。ポップやブックトークなどを通して表現する練習を重ねます。また，弟妹や下級生などによい本を楽しむための読み聞かせの技術を体験します。

　本を紹介する方法については，実践的な学習が基本です。読書感想文を子どもに書かせる養成講座もあるようですが，

86

集団に読み聞かせをするヒ
ントを司書に教わったらす
ぐに練習します！ （岐阜市
立中央図書館）

まるで読み聞かせ道場みたいな雰囲気です。（岐阜市立中央図書館）

子どもにとって学校の宿題とあまり変わらないのでおすすめできません。子どもが養成講座を学校教育のように感じたら，受ける意味が見えなくなるかもしれません。書きたい子どもはどうぞ，書いてください！　しかし，強制しない方がよいです。どちらにしても，友だちや家族に本の魅力を伝えたいとき，読書感想文はあまりふさわしい表現ではありませんね。子どもにとっては，絵とか，ポップとか，ブックトークという表現の方がよいと思います。肝心なのは，相手が読みたくなることですので，みんなが自分の表現を見つける機会をつくりましょう。好きな本をほかの受講生に紹介するための練習時間を設けることは非常に大事です！

　子どもはポップづくりが好きです。特に，自分のポップが

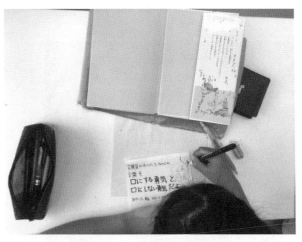

自分の好きな本を「おもしろい」という言葉を使わずにどうすれば紹介できるか，考えます！（岐阜市立中央図書館）

実際に図書館で使われると思うと，真剣に書きます。中学生は自分の絵を恥ずかしく思って，文字を中心にする傾向があります。しかし，中学生はほかの子どもが何をおもしろがるか，敏感にとらえていますので，なかなかよいものをつくります。それは，絵を中心にする小学生とよいバランスになります。お互いに見る機会があれば，異年齢の子どもたちは刺激し合ってすごいものをつくります。オリエンテーションのときに，ポップづくりに使う本を選ぶようにと案内して，当日持ってくるようにしましょう。

　ブックトークはまず司書などのお手本を見学してから，自

初めてとは思えないポップ（岐阜市立中央図書館）

初めて人の前で本を紹介するときはどうしても緊張しますが，おもしろがっ
ている友だちの顔を見ると，やり甲斐を感じます。（岐阜市立中央図書館）

分で挑戦してみます。お手本から習ったことを盛り込んだブッ
クトークを考えるための時間を用意しましょう。本を学校
の校内放送や教室で紹介することは，子ども司書が簡単にで
きる活動の一つですので，体験して自信をつけてほしいと思
います。人前で話す機会があまりない子どもたちは，はにか
みながら本を紹介しますが，おもしろがってもらえたら達成
感は大きいようです。

ブックトークのためにも，子どもたちに紹介したい一冊を持ってくるように案内してください。

　ビブリオバトルをカリキュラムに入れる図書館は年々増えています。それは大いにけっこうです。講座の中で行う場合は，見本をしっかり見せるようにします。発表の時間は少し短く，3分ぐらいにした方がよいでしょう。ただし，代表が発表するだけでは，ブックトークの練習ほど効果は上がらないかもしれません。全員で発表しましょう！

【テーマ（例）】
・読書はなんのため？
・お話会の見学と実践
・魅力的な本の選び方
・ポップづくり
・ブックトークの見学と実践
・ビブリオバトル

### (3)　本の制作過程を体験し学習する

　読書と図書館が好きな子どもは，本のつくり方に興味があるはずです。いずれ自分でも本を書きたいと思っている子どもは少なくないでしょう。そういう意味では，教養としても，気分転換としても，本をつくる体験をさせてあげたいものです。本への理解をさらに深めるために，絵本や小説，いわゆる「リアル系」の本などをつくる過程と，作家の仕事を学ぶ内容を工夫しましょう。まず，取材，執筆，編集，装丁，出版など，題材を考える段階から本ができるまでの過程を紹介します。体験としては，実際に取材や絵本づくりに挑戦させ

ることもできます。

　絵本づくりは特に子どもにとって魅力的です。これを実施する場合，オリエンテーションのときに，絵本をつくることを予期して，ストーリーを少し考えてておくように案内すれば，作業を短時間にできます。岐阜市立図書館の講座では，絵本づくりを2日に分けて，延べ90分でA5サイズ，20ページの絵本を描きます。最後に読み合う時間と発表する時間を設けますから，多くの人に読ませたくなるとても個性的な絵本ができます。

絵本をたくさん読んできた子どもたちは個性的な作品をすぐに思いつきます。
（岐阜市立中央図書館）

友だちの完成した絵本を全部読みたいです！（岐阜市立中央図書館）

　岐阜県の各務原市立中央図書館では，製本業者による本格的な製本を体験します。白い紙だけの本では気持ちが入りませんので，数日前のストーリーテリングの時間でつくった自分だけのオリジナル物語を打ち出して製本します。自分が書いた本物の本を持ち帰れますので，子どもたちは作家になった気分で真剣に取り組みます。

　スクラップブックやノートづくりを通して，子どもたちは情報を選んで整理することを習います。スクラップブックづ

一つのテーマに関連する新聞記事を探して，探しやすくファイリングするスキルはすぐに自分の学校図書館で生かせます。（岐阜市立中央図書館）

くりでは，古い新聞や雑誌をめくりながら，選んだ特定のテーマについての記事を探します。そして，切り取った記事をスクラップかファイルに貼り込みます。インターネットの時代にスクラップは必要ないと思われがちですが，小学校の調べ学習では地元の話題を調べることが多いのに，関連情報はネット上で探しにくいものです。多くの新聞ではインターネット閲覧が有料ですので，有用な情報が手に入りにくいです。

新聞記事をあらかじめクリッピングして集めておけば，地元の話題を調べるときに楽になります。「今使う情報」ではなく，「これから必要かもしれない情報」を新聞などから拾い，整理する作業は，子どもたちにとってよい勉強になります。情報のニーズを予測して資料をあらかじめ集めることは，司書の大事な仕事でもありますので，子ども司書は学校図書館でこうした作業を担当してもよいでしょう。しかし，子どもの目線から見れば，スクラップブックづくりは仕事ではなく，「ミッケあそび」（さまざまなものを探していく謎解き絵本遊び）みたいなものです。つくる理由をきちんと説明しておけば，子どもたちはまじめに取り組みます。

【実践的な内容（例）】
・手作り絵本の制作
・本の製本
・スクラップブックづくり
・取材の方法
・インターネットサイトの正しい活用

## (4) 学校・地域で活動する方法を考える

図書館と司書の仕事を説明する中で，地域貢献のしかたやボランティア活動の意義，生涯学習の重要性などについて話しましょう。

地域への貢献は目的というより，活動の結果として生まれるもので，そのままではカリキュラムに組みにくいのですが，貢献する精神を育む内容を工夫する必要があります。講座の各々の内容を教えながら，子ども司書の学校および図書館で

の活動にそれをどのように活かせるか，説明することは可能でしょう。また，先輩子ども司書の活躍やほかの地域の事例を紹介しましょう。いくつかの活動例を8章で紹介します。さらに，「家読推進プロジェクト」のサイト（「うちどく.com」）の子ども司書コーナーにも，活動例がたくさん掲載されています。

## (5) 学習の修了

多くの養成講座では，最後にレポートを書かせています。子ども司書になったら何をしたいのかなど，感想文のようなテーマが多いようです。子どもが習った内容を整理して，表現することが目的です。レポートはもちろん必須ではありません。最終回に全員に数分間の口頭発表をさせるところもあります。発表はレポートと違って，全員が聞けて内容を共有できます。

修了には十分な出席が条件になります。レポートを条件にする講座もあります。そのほかの提出物や発表を条件にすることも考えられますが，負担にならない程度にしてください。絶対してはいけないのは，点数をつけて評価することです。点数をつけると楽しさが低下し，競争が生まれてきます。子どもたちは下手をすると，自己評価を下げて，自信を損ねてしまう恐れもあります。

## (6) 教材

講座で使う教材を準備する必要があります。標準的な教材は特にありませんので，教えたい内容に合わせて自分でつくるか，図書館やインターネットで探して使いやすい教材を自

由に選んでもよいでしょう。しかし，講座では学校教育と違って，著作権のある教材を無許可では使えませんので，注意してください。各地で実施されている講座の中には，子ども司書の講習に特化している教材がありますので，問い合わせて参考にしたり，利用したりできるものがあるかもしれません。また，子ども向けに図書館の仕組みが書かれている本はたくさん出版されていますので，大いに参考になります。

言うまでもなく，教材は受講生の年齢に合うものを用意しなければなりません。しかし，子どもはやや専門的な話を知りたがりますので，難しい漢字にフリガナを振ったり，専門用語を説明したりする程度の調整で十分かもしれません。

教材は早めに用意しましょう。講座が始まる前に，その教材が理解しやすいか，教えたい内容をきちんと伝えているかなど，予行練習をして確認しましょう。また，講座で教えながら子どもの反応と理解度を見て，必要に応じて次回に向けて調整しておきましょう。

## (7) 講師

子ども司書養成講座の効果は，最終的に講師にかかっています。

カリキュラムの目標と概要は図書館や教育委員会，学校の話し合いで決めますが，具体的な内容は主に講師の工夫に任せてもよいでしょう。テーマによって，そのテーマに詳しい司書や学校の教員，読み聞かせのボランティアなどを講師にあてましょう。講座全体を1人の講師だけに任せると偏った講習になる可能性がありますので，複数の声を聞かせた方がよいです。講師が複数いる場合，内容の食い違いが起こらな

いように綿密な打ち合わせが必要です。子どもにとってわかりやすく説明できる人を選ぶことは，言うまでもありません。

講師の人選は実施計画の完成に必要なので，早い段階で講師を探さなければなりません。図書館の見学やレファレンスなどの演習，司書の仕事を説明する部分は司書に頼むことがベストです。図書館を最もよく知っているのは司書です。しかも，子どもに自分の仕事を説明することは，司書にとってもすばらしい研修になります。自分の仕事の内容と意義をおのずと再確認できます。

図書館の仕事以外のテーマは，外部の講師に頼むとよいかもしれません。記者や絵本作家，製本業者，ストーリーテリングのボランティア，大学の教授などが考えられます。まちの人材とつながるよいチャンスですね！

もし外部の講師に頼むのであれば，養成講座全体の流れを説明しておきましょう。それは全体のねらいを理解してもらうためだけではなく，重複を避けたり，子どもがすでに習っていることを把握したりするためでもあります。

新たな動きとして，「マイスター」制度が始まっています。千葉県の八街市立図書館の「ジュニア司書マイスター」が代表的です。さまざまな名称で実施されていますが，認定された子ども司書が高校を終えた後，講師として養成講座に戻り，自分の活動経験などを紹介し，子ども司書の養成に加わる取り組みです。「子ども同士」の心理効果を考えれば，先輩が参加することで，きわめて大きな教育効果が期待できます。

## (8) 学校への連絡と訪問
近隣の学校や校長会などを訪れて，子ども司書の取り組み，

養成講座の趣旨を説明し，こまめに活動の場の提供をお願いしましょう。上述したように，学校は子ども司書の主な活動の場になりますので，事前に子ども司書の取り組みへの理解を得て，活動の受け皿を用意したいものです。そのために，講座の主催者はあらかじめ地域の学校を訪問して，校長や図書館担当と会って，理解を求めるようにしましょう。また，養成講座の受講生の募集の協力もお願いしましょう。

　各務原市立中央図書館では，さらに工夫をしています。養成講座の申込用紙には，学校名のほかに学年とクラスを書く欄があります。図書館長はその情報を使って，すべての受講生の校長や担任に電話をして，講座の見学に誘います。結果として，担任はほとんど，そして学校の約半数から校長が実際に講座を見学に来て，子どもたちの姿を確認します。教師は子どもの新しい側面を見ることができますし，子どもたちは教師が関心を持ってくれることに感激します。各学校では，子ども司書に対する理解がかなり深まります。ちょっとした努力が大きな効果を生むのです。

　綿密な土台づくりは継続的な活動につながります。子ども司書の認定後の成長を考えて，小学校にとどまらず中学校と高校でも活動できるように，支援を促しましょう。

「小学校の先生方へのお願い」

高信由美子

　学級文庫であれ，図書室であれ，本屋さんのマネをしてほしいな，と私はいつも思っています。すべての本が，いわゆる「棚差

し」の状態で収まっていないでしょうか。

　書店ではとくに売れる本を,「面陳」したり「平積み」にしたりします。その方がお客さんの目に止まりやすいからです。

　子どもたちにぜひ読んでもらいたい本があったら,その本だけ目立つように並べていただけないでしょうか。自然科学に関係する本であれば,理科室の前に展示するのもいいですね。それだけで子どもたちの好奇心をくすぐることになると思います。

　図書委員の子どもたちから,陳列のアイデアを募集すると,子ども発の企画になります。取り組みにも積極性が加味されるでしょう。

　さらにお願いできるなら,図書委員を「子ども司書」に改めていただきたい,とも思います。活動がもっとアグレッシブになるのではないでしょうか。制度的に難しい点も多々あろうかと存じますが,あえて提案させていただきます。

(『小五教育技術』10 月号　2013 年 9 月より)

## 6.9 講座の評価

### (1) 報告書

　講座の終了後には必ず報告書を書きましょう。教育委員会および学校,受講生の家族,ホームページなどに公表することによって,それぞれの関係者は子どもたちが習った内容を知ったり,子ども司書の取り組みで何をしているのかを把握できたりします。公表するのは簡単な報告だけで十分ですが,それとは別に,もっと詳しい内容(受講生の名簿,使った教材一式,講座の風景写真,終了後のアンケートなど)の記録を内部資

料として残すことが望ましいでしょう。これは次回の講座の検討に欠かせない反省資料になりますから，ぜひまとめましょう。

「子ども司書推進プロジェクト」のサイト（「うちどく．com」の中にある）には，多くの図書館などの実施報告が掲載されています。ぜひ参考にしてください。そして，自らの実施報告を掲載すれば，他の実施団体に参考にもなります。ほかの実施団体から声がかがれば，よい交流のきっかけにもなり得ます。

## (2)　反省と評価

反省と評価は次回の講座の改善に役立ちますので，ぜひ行いましょう。講座の終了後に関係者を集めて，反省会を開きましょう。自由な雰囲気の中で，スタッフと講師が対等に発言できれば，責任者一人では気づかないことがたくさん見えてきます。会議を開くことが難しいようでしたら，アンケートを書いてもらってもよいのですが，記憶が鮮明なうちに意見を集めることがよりよい講座への展開のカギです。反省会では，よかったこと，改善が必要なこと，子どもの反応などを確認します。講座の開講時期と場所，カリキュラムと教材の効果，受講生の満足度，学校の理解度と協力など，さまざまな面で次回の実施に向けて，よかったことと足りなかったことを話し合って，改善の対策を図ります。

受講生にもアンケートなどを行い，子ども自身の意見に耳を傾けましょう。

また，責任者による評価もしましょう。講座を立ち上げるときに目的と目標を掲げましたので，その目標はどのぐらい

達成できたか評価します。これは細かい反省と違って、講座全体の構成やカリキュラムの効果、目標の妥当性などを図るものです。場合によっては、評価は子どもたちの活動を少し見てから実施した方が、より正確に判断できるかもしれません。

## (3) 追跡調査や「子ども司書だより」の発行

　追跡調査をしたり、「子ども司書だより」を発行したりして、子ども司書の認定後の見守りとアフターケアを怠ってはいけません。養成講座をやりっぱなしにせず、子ども司書の活動を把握しましょう。子ども司書は自主的、主体的に活動することが最終目標ですが、すぐにできる子どもは少ないので、多少の応援と支援が必要です。

　「子ども司書だより」を定期的に発行することは、一つの方法です。子どもの活動を紹介したり、声を聞いたりすることによって、子ども司書の存在を風化させないだけではなく、子どもたちの意識を高めることが期待できます。発行するためにネタをつくる必要がありますが、それが活動の原動力になり得ると思います。子ども司書同士のネットワークも維持されます。しかも、子ども司書の活動が記事になって、多くの人の目に触れれば、さらなる読書推進につながります。

　また、定期的な追跡調査で活動内容などを確認すれば、子ども司書の効果を確かめながら、指導とアドバイスにも生かせます。調査をすること自体、子ども司書や学校などの意識を高めます。たとえば、小学校で活動的だった子ども司書が、中学校に進学すると、部活などで忙しくなり、子ども司書の活動に時間を回せなくなることがあります。そこで、「子ど

も司書の活動は最近ありましたか？　これからの計画はありますか？」と聞いてあげれば，子ども司書をあきらめなくてもよいことに気づいてくれます。「時間ができたときにまた活動を再開してもいいですよ！」責任者が優しく見守っていることがわかれば，子どもたちは，安心してしばらく活動を休止しても大丈夫だとわかります。

　子どもたちに手紙や調査で声をかけると，「私は期待されているのね！」という気持ちがふくらみ，活動を続ける意欲がわいてきます。

# 7章 子ども司書になった!

## 7.1 子ども司書としての取り組み

いうまでもないことですが，子ども司書の取り組みの目標は養成講座の実施ではありません。子ども同士が本をすすめ合って，読書習慣を広げることを目指しています。

養成講座の実施はその準備です。講座が終わってからが本番です！

子ども司書は講座を修了して認定を受けると，友だちに読書をすすめるためにさまざまな活動を始めることができます。理想としては，子ども司書活動を自主的に行ってほしいですが，活動を展開させるには，さまざまな工夫が必要です。

子どもたちは講座で努力した分，その資格を大切にしてくれます。認定を受けた子どもは積極的に友だちに声かけをしてくれます。自分の学校の図書委員，あるいは地元の図書館のボランティアや老人ホームなどでの語り部などとして自信を持ちます。努力したからこそ意欲的に活動をします。しかし，いくらやる気があっても，多くの場合，活動をするための場所の確保には手助けが必要です。

多くの子ども司書にとって，生活の中心は学校になります。学校で過ごす時間は長く，友だちは学校に集まっています。しかし，学校で組織的な活動を進めることが難しいと嘆く子

岐阜市立図書館は子ども司書がすすめる本を掲示するスペースをヤングアダルト本の近くで設けています。よく生かされています。（写真提供　吉成信夫）

ども司書は多くいます。そうであれば，学校のほかに，公立図書館，「まちライブラリー」，児童館，学童クラブ，子ども会，塾などで活動することも考えられます。

　教室や家庭の中であれば，子ども司書は自主的に周囲の人に声をかけられるのですが，それ以外の公式の場面になると，独断で活動できないかもしれません。許可を得てから活動することが望ましいでしょう。

　しかし，子どもが突然一人でお願いしに行っても，許可は簡単には下りないかもしれません。新たに子ども司書養成講座を始めるとき，講座の担当者が事前に学校などに声をかけ

たりして，子どものハードルを少しでも下げましょう。

　さて，どのような活動をすればよいのでしょうか？　まず，「子ども司書養成講座」を修了した子ども司書は主に自分の学校で，図書委員会の活動やおすすめの図書リスト作成，読み聞かせ，朝の読書や調べ学習，「ふれあいタイム」，学級活動などをします。学校ではこんな活動が考えられます。

・校内放送を使って，子どもの言葉で子どもたちへのメッセージを送りましょう。「朝の読書」で読みたくなるおもしろ本（特に図書館の新着本）を紹介したり，家での「家読」を推進したり，ときには詩の朗読や読み聞かせなどをしたりして，全児童・生徒の読む意欲を高めましょう。

・下級生への読み聞かせボランティアをしたり，小さい子どもの読書を助けたりして，いわゆる「読書のとも」になるのもよいでしょう。文部科学省は学校でのアクティブラーニングと異年齢交流の工夫を求めていますが，本をきっかけにして交流することは非常にやりやすい方法です。

・それぞれのクラスで学級文庫の設置と管理を手がけましょう。多くの学級文庫の正体は，図書室から除架された古い本です。図書室でいらない本が子どもの興味を引くはずがありません。もし，子どもたちが自分の好きな本を家から持ってきて，しばらくの間教室の棚に並べておけば，子どもはみんな読みたくなる本を手に取れます。友だちが持ってきた本だからこそ，興味がわきます。子ども自選の学級文庫の本は，子ども自身が推薦しているので，盛んに回し読みをします。これは学級のみんなが全員参加する活動になりますが，子ども司書は中心的な世話役を務めることができます。

・学校図書館で「本のソムリエ」となったり，ポップを書いたり，友だちに本をすすめたりすることもできます。同じような活動を公共図書館でボランティアとして展開できますが，学校ではよく知っている子どもに向けて，子どもの目線でディスプレイやポップをつくれます。

　これらの活動をするときには，できれば「子ども司書」と書かれている札を身につけましょう。子ども司書には学校図書館の活性化にも大きな役割と貢献が期待されていますので，活動していることをアピールします。学校でも公共図書館でも，子ども司書の活動についての周知が必要です。

### 7.2　各地の取り組み

　友だちが集う学校でリーダーとなることが活動の基本です。一方で，子ども司書は公共図書館や公民館，子ども会などの催しにも，積極的に参加したり協力したりしています。あらゆる機会を活かして，「自分ができる」活動をすることが重要です。家庭では，子ども司書は自分の読書しやすい空間と時間をつくれます。家族と読書時間をともにすれば，一層楽しめます。さらに，子ども司書はボランティアとして学校図書館の活動において司書教諭を援助できます。

　子ども司書が自主的に活動できるように，養成講座での教育を工夫します。活発な活動をスタートでき，そして継続する気持ちが薄れないように，子ども司書を野放しにしてはいけません。活動を軌道に乗せるために，図書館側でも活動の場を用意したり，その開拓を手伝ったりしましょう。たとえば，子どもが老人ホームで本を読んであげたいと思ったとし

たら，事前に老人ホームに電話をかけて，子ども司書の活動の概要を説明しておいた方が，子どもにとってアプローチしやすくなります。また，子どもが自ら電話したときに，相手が話を聞いてくれるような話し方などを教えましょう。子ども司書活動もさることながら，大切なライフスキルですよね！

　以下は各地域で行われている多彩な子ども司書の活動例です。もちろん，これ以外にもさまざまな活動があり得ます。大切なのは，してみたいことを夢にとどめず，実行することです。


・市立図書館でポップづくり（千葉県・八街市）
・夏休みの学級文庫整理（千葉県・八街市）
・市社会福祉協議会主催の「福祉まつり」に参加し，お話会を開催（千葉県・八街市）
・老人ホームや公民館でのお話会（福島県・矢祭町）
・被災地での読み聞かせ会（福島県・矢祭町）
・「小さな朗読コンサート」に参加（秋田県・羽後町）
・小学校図書館ボランティアで本の修理（佐賀県・武雄市）
・小学校図書館リニューアルの手伝い（佐賀県・武雄市）
・「子ども司書クラブ」（青森県・野辺地町）
・「『子ども司書』おすすめの本」の発行（広島県教育委員会）
・本の福袋（千葉県・八街市）
・ジュニア司書マイスター（千葉県・八街市）
・子ども司書ラジオ（岐阜県・岐阜市）


　これらの取り組みの多くは，図書館が仕掛けています。野

学校図書館を整理する子ども司書たち（武雄市　写真提供　中島進）

辺地町の「子ども司書クラブ」とか，岐阜市の「子ども司書ラジオ」，八街市のポップづくりなどは典型的です（子どもたちが自主的に行っている活動や，教室などで友だちとかかわることなどはかなりあるはずですが，記録されていないだけでリストに載りません）。

　多くの図書館は子ども司書を定期的に集めて，集団で活動させています。そうした活動は自主的なものではありませんが，どれも長く続いています。子ども司書が集まって仲よくなると，活動する意欲が高く維持されます。ほかの活動をしてみる自信もわいてきます。そして，子ども司書の方からアイデアが出始めます。それこそ，図書館のスタッフにとって大きな刺激になり，やり甲斐になります。

たとえば，多くの図書館で子ども司書が担っている作業は，カウンター業務や本の修理，おすすめの本のリストづくり，ポップづくりなどです。子どもたちは慣れてくると，もっと自主的な活動として，たとえば，絵本を持ちまわって館内の幼児に「オンデマンド読み聞かせ」をする事例が報告されています。

　学級文庫の整理や，武雄市の学校図書館リニューアルの手伝いのような取り組みもあります。学校が子どもにとって魅力的な図書館と文庫をつくりたいなら，子どもの感性を取り入れればよいと思います。中でも，子ども司書こそ率先して働きます。学校にとっても，子どもにとっても，子ども司書の動きはお得な話です！

　近年，地域文庫と子ども文庫は少なくなったと言われますが，現在でも全国で1,000以上の文庫が活動しています。昔から営まれているものもあれば，生まれたての新しい文庫もあります。文庫によって形態や規模は違いますが，一般的には運営しているオーナーは自分の家の一部分を開放して，決まった時間帯に，近所の子どもたちに向けて，自分で集めた絵本と読み物を利用させたり，工作教室や読み聞かせなどを提供したりしています。オーナーが一人で文庫を経営していることが多いですが，手伝いのボランティアも欠かせません。これこそ子ども司書の出番です！　地域文庫が近所にありませんか？　なければ始めてみませんか？

　新しい活動を開拓しようとするときには，きちんと準備した方がよいでしょう。教室であれば，クラスの友だちに突然話しかけても問題ないし，公共図書館ならばあらかじめ司書に断れば，来館している幼児に「オンデマンド読み聞かせ」

をしてもよいでしょうが，児童センターや公民館などでは，もう少し準備が必要だと思います。子どもがうまく自己紹介できればよいのですが，知らない子どもから交渉の電話がいきなりきても施設の管理者は戸惑います。図書館あるいは学校からの紹介があれば，交渉はもっとスムーズに進みます。

　活動を打診するときには，誰に対して何をしたいのか，具体的なイメージをしっかり持って話せるようにしましょう。そして，活動の内容と対象，時間の調整，必要なものなど，実施に向けての打ち合わせをしましょう。活動の経験が豊富な子ども司書であれば，自分で打ち合わせできますが，はじめのうちは予行練習をした方がよいかもしれません。活動が決まったら，当日は早めに会場に到着して，あいさつをしてから準備にかかります。終わったら素早く片づけて，お礼を言って報告をします。よい印象を残すことが大切です！

　子どもたちが自主的にしている活動のほとんどは記録されたり報告されたりしませんので，把握することは難しいですが，ぜひ子ども司書の活動を公表しましょう。図書館や学校として組織的に行っている活動がありましたら，簡単な記事で紹介して，「うちどく.com」にも掲示して共有しましょう！

　これから期待したい活動として，「まちライブラリー」や「マイクロライブラリー」の手伝いや運営があります。「まちライブラリー」とは，カフェや病院，駅など，人が待ち合わせる場所で自由に読書するための文庫のことです。本棚さえあれば誰でも開けます。玄関先で開いている人もいます。こうした「まちライブラリー」は広がっていますので，子どもが本への関心を高める活動の場として持ってこいです。しかも「まちライブラリー」は，大人になっても継続できる活動です。

2020年は，新型コロナウイルス感染症によるパンデミックなどによって，学校や図書館が長期的に閉館しました。これからも時々こうしたことが起きることが予想できますが，そういうときこそ子ども司書の出番です。図書館が閉館し，学校図書館も使えず，家から出られず，楽しみに飢えている子どもたちはたくさんいました。そんなときに，LINEなどを通じて読書を促すことが，子ども司書にはできます（多くの出版社は2020年の春，子どもの雑誌・書籍をオンラインで開放しましたので，読書資料はそれなりにありました）。

可能な活動は無限にあります。子ども司書の養成講座で学んだ技術が身についている子ども司書にとっては，想像力と意欲だけが活動の限界です。

### 7.3 子ども司書の声

子ども司書になった子どもは，養成講座と子ども司書の取り組みをどのようにみているでしょうか？

活動している子どもの実際の声を聞いて確認しようと思い，取材してみました。動機と目標，講座の印象，活動の工夫，友だちとのかかわり，学習への影響，生活の変化，図書館に対する気持ち，夢，伝えたいメッセージなどについて聞いてみました。

### （1） 八街市立図書館ジュニア司書の言葉

千葉県にある八街市立図書館は，活動を続けている「ジュニア司書」（子ども司書）に対する養成講座の感想や活動の工夫などについての調査をしました。以下はそのアンケートへ

の回答を整理して，一つの文章にまとめたものです。

問：なぜジュニア司書の養成講座に参加しようと思ったのですか？

答：小さいころから図書館に通っています。もともと本が好きで，将来司書になって本の相談を受けてみたいと思っています。ある日，来館したときに職員に声をかけられました。「子ども司書養成講座を受けませんか？」図書館が好きだから，受けてみたいと思いました。さらに，母にもすすめられました。

　カウンターで活動しているジュニア司書を見て，興味を持ちました。また，クリスマスイベントで司会をしているジュニア司書がかっこよかったですね。

　職場体験学習で司書の仕事を体験し，もっと深く図書館について知りたいと思いました。

　友だちから講座のことを聞いて，気になったので参加してみました。昨年受講してジュニア司書になった部活の先輩にすすめられ，自分もジュニア司書の一人として活動したいと思いました。

問：養成講座を受講してみて，感想はどうですか？

答：全10回すべての講座を受講できるか心配でしたけれど，補講の予定も相談しながら安心して部活との両立ができました。部活の先輩がジュニア司書になっていたので，様子が事前にわかっていてよかったです。

　「お気に入りの本を作ろう」という和綴じ製本の講座では，「ジュニア司書マイスター」のノリがおもしろくてよかった

です。やさしく教えてくれたのでわかりやすかったですね。

　他の学校の人とうまく話せるか心配でしたけれど，アイスブレイクで高校生とも交流があって，すごく楽しかった。ジュニア司書マイスターが声をかけて，きっかけをつくってくれてうれしかったです。回数を重ねるごとになじめました。他の学校の人たちとも話せるようになり，学校の壁を越えられました。

　貸出カウンターに立ったとき，カード忘れや，たくさんの本を借りるなど，いろいろな利用者に対し，司書たちが次々と仕事をこなしているのを見て，自分もこんなふうに仕事をしてみたいという気持ちが強くなりました。

　絵本の読み聞かせを数週間練習してきました。ジュニア司書の先輩からアドバイスをもらって，「なるほど～」と思いました。本番は緊張して，読み間違いもありましたが，やってみるとすごく達成感がありました。小さい子たちの反応を見て，うれしい気持ちになりました。

　「受講生のおはなし会」の当日にはお客さんが多くて，しかも私は一番目でしたので，緊張しましたね。しかし，練習を思い出しながら，落ち着いた感じで読めて，結局よかったです。読み終わった後の拍手はすごく心に残っています！読んでよかったと思えるおはなし会でした。


問：ジュニア司書として活動をしてみて感想はどうですか？
答：図書館のカウンターで貸出作業を手伝っています。利用者がカウンターにきたときに，笑顔で「こんにちは」とはっきりあいさつするようにしました。図書館の職員から，この図書館を利用していただいている感謝の気持ちを表現してい

ることを教えてもらいました。笑顔で接客すると笑顔が返ってきて、うれしくてやり甲斐を感じました。利用者から「ありがとう」とお礼を言われると、もっと頑張ろうと思いますね。

　カウンターでお客さんが「ジュニア司書、頑張ってね」など、たくさんの声をかけてもらってうれしいですね！

　絵を描くなど、工作が好きです。前に読んだ本で、主人公の働いている本屋の店長がポップをつくって飾った本は必ず売れるという話がありました。その店長のようにいいポップがつくれたらと思います。私がポップをつくるときに、たくさんの人に見てもらうために、色使いや、立体的につくるなど、考えながらつくることが楽しいです。

　読み聞かせのときは、子どもたちに「本を楽しんでね」とか「本はおもしろいんだよ」という気持ちで行っています。子どもたちが乗り出してくるのが見えるときはうれしいですね。

　図書館で活動した後の反省会で、活動や読書の話のほかにも、ジュニア司書のみんなは学校が違うので、いろいろ脱線して話が盛り上がるのが楽しいですね。

　そして、ジュニア司書としていろいろな活動をやってみて、自分の学校に戻ると、「本がけっこうおもしろいよ」と自然と友だちに言えるようになってきたなと思います。


問：後輩へのメッセージがありますか？
答：ジュニア司書養成講座を受けると、友だちが増えて充実した夏休みを過ごすことができます。

　図書館司書の人やボランティアの人などいろいろな人とつ

ながることができるので，ふだん図書館に来ても気軽に話せるようになります。本も見つけやすくなります。自分が考えていたよりずっとたくさんの本の存在を知ってびっくりしますよ。本との出会いも友だちとの出会いもどんどん増えます。

　本が嫌いでも OK！　友だちの読んでいる本の話を聞いているだけのときもあったし，釣りの本とかアニメ本の話でも，なんでも OK です。友だちと話していると，不思議と好きな本を見つけ始めるからです。

　高校に入学したら，ジュニア司書で一緒に活動して友だちになった子がまた一緒になったのがうれしかった。「あっ，ジュニア司書っていいな」と思いました！

　最初にジュニア司書の活動に興味があってもなくても，「ぜひ参加してみて〜」って感じです。待っています！

## (2)　羽後町立図書館の子ども司書の言葉
**羽後中学校 2 年　坂田　那帆**

　私は昔から本が大好きで，現在もさまざまな種類の本を読んでいます。子ども司書は，本が好きな私にとって，あこがれの存在でもありました。なぜなら本が好きなのはもちろんのこと，「こんな本を〇〇さんにすすめたい」，「みんなにこんな本を読んでほしい」と思うことがたくさんあったからです。小学校 5 年生のときに講座を受け，中学生になった今も得意なアナウンス技術を生かして，読み語り活動などを続けています。本は，身近で信頼できる人におすすめされるほど，興味がわくものだと思います。友だちが私のすすめた本を手に取って読んでくれたときは達成感を感じます。

　子ども司書養成講座は，どのコマも楽しい講座ばかりでし

た。特にオリジナル絵本づくりが大好きでした。昔から私は空想をしたり，「この後この主人公はどうなったのだろうか？」などと考えたりすることが好きだったからです。

そのほかに，地元の方言や伝説を学ぶ「昔語り」の講座もありました。「昔語り」と聞くと古臭いイメージを持っている人が多いと思いますが，実際の地名や妖怪などが出てくる愉快なお話がとても滑稽に語られ，予想以上に楽しい講座でした。地元のよさを再発見することもできました。

子ども司書としての活動で，特に心に残っていることは2つあります。

1つ目は「小さな朗読コンサート」です。ギターのBGMに合わせて読むと，より感情移入しやすくなります。数人の友だちと息を合わせて読む朗読コンサートで読んでいる瞬間が一番心地よい時間です。

2つ目は図書館内の書架整理です。一見地味な仕事に思えますが，整理しているとメディア化された本や今まで読んだことのなかったジャンルの本が置いてあって，触れられますから，より読書への興味がわきます。そのほか，貸出カウンター業務やポップの作成展示なども楽しく学ぶことができました。

子ども司書にとって大事なこと，それは本と仲よくなることです。本をたくさん読むと語彙力が高まる上に，その本の世界に入って非日常を体験することができます。きっと子ども司書養成講座の受講者は，本が好きだから子ども司書になろうと思ったのでしょう。だからこそ，後輩たちに伝えたいこととして，インターネットやメディアだけではなく，活字にもっともっと触れてほしいと考えています。絵本でも漫画で

も，とにかく本に触れてください。そうすれば子ども司書の活動が2倍も3倍も楽しくなると思います。

## (3) 岐阜市立図書館の子ども司書の言葉

　岐阜市立図書館の子ども司書講座の最大の特徴は，終了後の「子ども司書ラジオ」に参加する権利です。「みんなの森ぎふメディアコスモス」の1階，中央図書館の入口付近で，「てにておラジオ」というコミュニティFMラジオ局が毎週日曜日に公開収録をします。そこで，子ども司書は自分の月刊ラジオ番組を企画して収録しています。参加する子ども司書たちは，毎年新たに認定を受けた子どもがメンバーに加わることを楽しみに待っています。以下のインタビューは2018年秋に，番組の企画会議に来ている1〜3期の小学生と中学生数名から聞いた言葉です。

### ○辻華穂里（つじ　かほり）

　チラシを見て，本をあまり読まない自分にはできないと思っていたけれど，お母さんに「おもしろそうだし，講座をうけたら，本が好きになるかもよ！」と言われたので，講座をうけようと思いました。もともとは，本を読むのがあまり好きではなかったです。講座をうけて，本を読む回数が増えました。また，講座をうける前は，マンガをいっぱい読んでいたけれど，講座をうけて，小説などを多く読むようになりました。

### ○関谷実莉（せきや　みのり）

　私はもともと読書が好きで，司書になりたいという夢があ

岐阜市の子ども司書のラジオ番組の公開収録（岐阜市立中央図書館）

りました。司書の活動をやってみたいと思ったし，図書館の裏側が知りたいと思ったから受講しました。

　分類の調べ方や，本の直し方を知れておもしろかったです。また，ポップを描いて，本の内容をまとめる難しさを知りました。みんなと話しながら，お弁当を食べるのも楽しかったです。

　講座を受けてよかったことは，学校などでも，人前に立つのがあまり怖くなくなったり，読書をもっとしたくなったりしました。なにより子ども司書のみんなに会うのが楽しみです。

しかし，私が通っていた岐阜大学附属小学校はほかの学校とちがって市立ではなかったので，子ども司書としての活動をやらせてもらえませんでした。できれば，どこでも（学校でも）活動できるようにしていただきたいです。私も市立図書館外で活動をしてみたいです。

## ○小野田朋実（おのだ　ともみ）

　「子ども司書」という名前を聞いたとき，お仕事体験というイメージがありました。でも参加して，全然イメージが違って，固い感じじゃなく本当の本好きの集まりの様子でした。

　本の楽しさや本のことを知れただけじゃなくて，校外の友だちができました。同じ趣味の校外の友だちができたことで，図書館が第三の居場所になりました。ここにいるのがいちばん楽しい。自分の夢のラジオをやることも叶いました。

　子ども司書を考えているみなさん，この講座を絶対うけた方がいい！　活動の幅が広がるからです。

## ○木村　光里（きむら　ひかり）

　司書さんがやっていることを私もやってみたくて，講座をうけました。それと，本好きな子が集まっていると思ったので，もっと本を知れるかなと思いました！

　活動として，友だちに学校の本の紹介をしたり，図書館の本を紹介したりします。そして，やっぱりラジオが楽しいです！　やってみれば，ラジオで語り力がのびますし，先生にほめられます！

○池田千恵（いけだ　ちえ）

　母がメディアコスモスのサイトで偶然に講座を見つけて，「本が好きならやってみたら？」と言ったので，なんとなく応募しました。結果として，本好きの友だちが増えました！

　小学校では，毎月季節にあった本を紹介していました。中学生の今は，子ども司書ラジオをやっています。ラジオや図書館のイベントで著名人に会えたことで視野が広がりました。ラジオで話すことが好きになりました。

　本好きな子，そうじゃない子，どんな子でも，子ども司書で世界が広がると思います。

（池田さんがいう「著名人」というのは，イベントの一環で子ども司書が対談した建築士の伊東豊雄氏や，児童作家の角野栄子氏，絵本作家の高畠純氏，岐阜市長の柴橋正直氏などのことです。）

子ども司書は岐阜市立中央図書館を設計した伊東豊雄氏（白い眼鏡）と対談をしました（岐阜市立中央図書館）

　講座を立ち上げるときから，子ども司書の活動を支えるまで，各段階で担当者の工夫が講座の良し悪しを決めます。担当者として気にしたことや工夫したことは？　やってみて得るものとは？　特徴的な講座を開いている担当者数名に聞きました。

## (1)　八街市立図書館
### 「ジュニア司書マイスター誕生!!」（高橋みち子）
#### 1.　はじまりはジュニア司書養成講座

　「ジュニア司書マイスター誕生!!」までの道のりを思い返すと，それはうなぎのぼりに増えていた八街市の人口が2007年に減少に転じて，図書館の来館者にも変化が現れてきた頃のことでした。インターネットが普及し生活スタイルが変化するなど，さまざまな要因が重なったことで，若い親子連れや元気な小学生で賑わっていたフロアから，子どもたちの姿が少なくなり，そして中学生になるや部活動や塾通いなどで，さらに図書館から足が遠のいて行くのを感じるようになりました。

　この現実を受け止めつつ，今まで実施してきた中高生向けの事業が振るわなかった経験から，にわか仕立ての事業ではすぐに行き詰まってしまうことがわかっていたため，職員間で何度も話し合うようになりました。そこから，「八街っ子を本好きに！」，「読書リーダーを育てよう！」，「読むきっかけは友だちから！」をコンセプトに，中学生向けの新規事業「ジュニア司書養成講座」を立案しました。

ところが検討を重ねれば重ねるほど，職員の中から難色を示す声が大きくなり，実現が遠のいていきました。なぜなら，実施時期を図書館の繁忙期である夏休み期間中に設定することによる業務量の増加や，司書の仕事や本の知識を学ぶ10講座20時間の講座で「全科目受講」，「800字のレポート提出」と設定したハードルの高さが主な原因です。しかし，職員の間には中学生の図書館離れに対する危機感も大きく，「難しい講座でも，司書への憧れが強ければ達成できる生徒が必ずいる」と信じて，難易度の高い事業を2011年度から開始することになったのです。実際に実施してみると，無事に規定の講座を修了し，レポートも生徒たちから提出され，ジュニア司書認定式を開催することができました。認定式では教育長から認定証を授与され，それは，ジュニア司書にとって一種のステータスとなり，その後の活動の源となったのです。

## 2.「ようこそ！　ジュニア司書」活動へ

　ジュニア司書に認定されると，いよいよ活動が始まります。ジュニア司書の中には，「今年は受験なので」とか「部活動の大会に専念したい」など，それぞれの希望があるので，年間活動予定表を全員に配布し，年度ごとに参加者を確定します。活動には個人の都合を優先することで，気軽に楽しく参加できるよう配慮しています。

　その活動内容は，養成講座で習得した絵本の読み聞かせや手遊びの技術を活かして，館内でのおはなし会を行い，また地域に飛び出し，市の福祉フォーラムなどに出演します。その姿は市民のみなさんから好評で，温かい言葉をたくさんいただきます。また，春・夏・冬休みには職員とともにカウンター業務を行います。ほかにも返却された学級文庫の整理や，

ブックリストへの「おすすめ本」の掲載，展示コーナーのポップづくり，図書委員会での活動など，ジュニア司書はすべてに積極的に参加しています。そして，その活動が新聞やテレビなどでも取り上げられたことで，ジュニア司書たちにとってはたいへん励みとなりました。友だちに「見たよ！」と声をかけられたとか，図書館の使い方やおすすめ本を聞かれたなど，照れながらも誇らしげに報告に来てくれました。

### 3. ジュニア司書マイスター誕生!!

　図書館では，ジュニア司書の活動期間は高校卒業までとしていたので，1期生が卒業を迎えたとき，彼らの中から「続けたい」という気持ちを伝えられました。私たち職員も，その活動に終止符を打つことが名残り惜しく，また，毎年増えるジュニア司書たちの先輩として活動してきた彼らを，ここで手放すのはあまりに惜しいという気持ちがありました。そこで，彼らに何をしたいのか問いかけました。すると，

　「学校や学年の枠を越えて活動できる仲間と出会えたことを大切にしたい。」

　「地域の子どもたちにもっと図書館に来てもらいたい。」

　「地域で活動する大人と交流することで自分の幅を広げたい。」

など，意欲的な言葉が返ってきました。これをきっかけに，2016年度に初めて2人の「ジュニア司書マイスター」が，教育長の認定を受け誕生しました。

　具体的な活動内容を彼らと話し合い，「ジュニア司書活動（後輩）への助言と支援」や「ジュニア司書養成講座の講師」などのすぐにできることと，「高校図書委員会との交流会」や「子どもたちが喜ぶイベントの企画と実施」などのチャレン

ジしたいことを組み合わせて，楽しく活動を行うこととしました。

　乗り越えなければならないさまざまな課題がありましたが，無事に「高校図書委員会との交流会」や「クリスマスツリー点灯式」の開催に漕ぎつけることができました。新しいチャレンジの実現には，職員間でもその企画や気持ちを共有し検討すること，お互いの信頼関係を深めるために，私たち職員とマイスターが一体となって活動していくことが重要なポイントだと考えます。ジュニア司書たちからは，マイスターの活動を間近で見て「カッコいい！すごいよ！」という憧れの言葉も聞かれます。マイスターになることが自然と後輩の目標となっており，取り組みの成果が見られています。

## 4.　今後に向けて

　ジュニア司書マイスターは，すでに後輩のジュニア司書たちと，機会があるごとに活動の失敗談や笑い話，また最近読んだ本の情報などで交流を深めており，コミュニティの広がりがうかがえます。ジュニア司書マイスターが，読書推進活動のための知識と情報を個々に習得するだけでなく，自らが発信する立場になっていくよう，フォローしていきたいと考えています。

　今後も，いつも笑顔で迎えることで，彼らが気軽に来館できるように体制を整え，「自分を成長させてくれた特別な場所」と図書館を捉えてもらえるよう，環境づくりに努めていきます。そして彼らが，ジュニア司書活動を通じ，次世代の担い手として地域や社会を支えているという，自負と誇りを持って成長を続けていくことを心から期待しています。

## (2) 羽後町立図書館

### 羽後町立図書館の子ども司書 (原田真裕美)

　「羽後子ども司書養成講座」がスタートしたのは 2013 (平成 25) 年のことです。平成 30 年度からは対象を小・中・高校生まで広げ、「羽後子ども司書ジュニア司書養成講座」と名称を改めて実施しています。9 コマ中 6 コマを受講すれば「羽後子ども司書・ジュニア司書」として認定されます。

　講座内容は、図書館の仕組み、本の分類・修理、配架整理、カウンター業務、調べ学習・参考資料の使い方、ポップづくりなど司書の基本的な仕事についてです。そのほか、手づくり絵本講習会ではお話を創作します。受講生は、豊かな発想でオリジナル絵本を描いていきます。また、郷土についてもっと知ってもらうため、「羽後町めぐり」や「昔語り体験」もカリキュラムの中に組み入れています。公民館バスを利用して移動する地域探索や県立図書館めぐりの講座は、受講生の交流を深め、連帯感を育てる上でも有効です。

　学校での学習のほかに部活、スポーツ少年団の練習、塾通い等、今の子どもたちは多忙です。出席回数が規定に満たない受講生もいます。そのような場合は、個別に補講を設定して、きめ細やかに対応します。ほとんどの受講生が「子ども司書・ジュニア司書」として認定されます。

　そして、いよいよ羽後子ども司書・ジュニア司書としての活動のスタートです。

　最初の活動は「クリスマス公演」への出演です。町内のボランティアグループ「おはなし玉手箱」との合同公演をします。子ども司書たちは、グループに分かれて朗読をします。養成講座で学んだ発声・滑舌練習、朗読のポイント学習を生

126

かして練習を重ねます。朗読のほかに，手話つきの歌やクリスマスソングのパネルシアターにも挑戦します。たくさんの観客の前で緊張しながらも，子ども司書・ジュニア司書としての初めての活動を終えた子どもたちの表情には，達成感が満ち溢れています。

　毎月1回の子ども司書・ジュニア司書の活動日には，ポップづくり，書架整理，貸出業務など司書の仕事に2時間ほど従事します。「子ども司書ジュニア司書養成講座」では，お手伝い司書として講座の準備や後片づけ，出席表へのシール貼付などを担当します。「ブックフェスティバル」（第1部：心に残った本の感想コンクールの表彰および羽後子ども司書・ジュニア司書認定式，第2部：ALTと子ども司書といっしょに英語と日本語であそぼう）では，司会進行や読み語りを担当し大ハッスルです。また「小さな朗読コンサート」では，羽後中学校1年生のジュニア司書有志が，ゲストの絵本作家の作品をグループに分かれて朗読します。リハーサルでは作者の指導をいただいたり，記念撮影をしたりして，絵本作家とふれあう機会もあります。

　「子ども司書・ジュニア司書活動」をスタートさせてから，図書館内が活気づきました。また，学校や家庭との連携もとれるようになってきました。館内には子ども司書・ジュニア司書の活動の様子が写真展として掲示され，ポップや手づくり絵本なども並べられています。また，「図書館だより」では，子ども司書のおすすめの本を紹介するなど，活躍の場を次第に広げています。

　今後の課題としては，認定された子ども司書の活動参加率がまだ低く，特定の子どもに限られていることがあります。

中・高校生の受講生が少ないため，ジュニア司書向けの講座カリキュラムの改善・研究の必要性などが挙げられます。将来的には，図書館や学校だけでなく，老人ホームや保育所，学童保育などにも訪問し，住民のみなさんに親しまれる存在に成長してもらいたいですね。

羽後という小さな町で誕生した子ども司書・ジュニア司書たちが，図書館・学校・地域の読書リーダーとして輝きながら活躍することを心から願っています。

## (3) 岐阜市立図書館
### 子ども司書とラジオ－読まされるから，読みたい伝えたいへ
（吉成信夫）

### 1. 子ども司書を始めたわけ

岐阜の地に図書館複合施設「ぎふメディアコスモス」が開館したのは，2015年夏のこと。私は同年4月に全国公募で館長となりました。以来，この図書館は本の貸し借りをするだけではなく，本や情報を通して人が世代を越えて混ざり合い，向き合い，対話する場にしています。そこで，新たな出会いや結びつきを誘発できるような場所になれないかという考えから，すべての事業を構築してきました。これは，対象が子どもであってもおとなであっても同じです。

就任して間もなく，アンドリュー・デュアー先生の元を訪ねたときに，図書館には子ども司書という取り組みがあることを初めて知りました。その場で意気投合し，では今年中にうちの図書館で一緒に始めましょう，と即座に話がまとまったのです。

私は岩手県で務めていた県立児童館などで，「子ども特派

員」という名称で毎年子どもジャーナリストの育成をしていた関係で，子どものラジオ番組づくりワークショップに長い間かかわってきました。司書とジャーナリストの仕事の内容はもちろん違いますが，本で調べたり情報を扱ったりすることで社会性や批評性を問われるという面では，同様のリテラシーが求められます。デュアー先生と意気投合したのはまさにこの点でした。子どものうちから，本や情報に触れて，編集する作業を楽しみながら，自分で判断し選択する力や表現する力を身につけてもらいたいと考えたのです。

　2015 年 12 月の冬休みに，小学 4 年から中学 2 年までの子どもたち 20 人（応募は 80 人強あったので抽選）が集合して，記念すべき第 1 期生の養成講座が始まりました。4 日間全 16 コマのうち，始めと終わり（なぜ子ども司書講座を始めるのかという考え方のパートと，子ども司書になった後どうするかというパート）を私が受け持ち，講義と実習はデュアー先生，現場体験は司書が受け持ちました。子どもたちが受け身にならないように，楽しみながら主体的なかかわりが持てるようにかなり工夫したつもりです。

　1 期生の子どもたちは，胸に秘めたもの，本への情熱はあるのだろうけれど，どちらかというとおとなしい感じの子どもたちが多く，この時点ではまだ意見を言ったり討議したりすることにはどこか互いに遠慮があったと思います。

## 2. 講座終了後からが，本当の始まり

　講座終了で修了書を渡して終わりにはしない，というところこそがうちの特長だと思います。最後の講座で，子どもたちに館長から「ヒミツのお手紙」が届くからね，と予告しておいたのですが，春休みに手紙を出したらほとんどの子ども

たちが集合してくれました。そこで，もし自分がやりたい気持ちがあれば（ここが一番大事なポイントですが），「一緒にラジオ番組をみんなで創って放送しない？」と誘ってみたのです。するとほとんどの子どもたちが同意してくれました。

　そして，幸運なことに，メディアコスモスではオープンと同時に市民によるラジオ放送（てにておラジオ）が始まっていたこともあり，入口付近の仮設スタジオで公開録画を行い，5月には「FM わっち」（地元のコミュニティラジオ局）からついに放送が始まったのです。

　毎月1回，企画会議を開いて子どもたちとラジオ番組の内容を考えていきました。白紙状態の中で，文字を埋めて台本にするのはおとなでも大変な集中が必要です。「読まれていなさそうな本の紹介コーナー」や，「カンチョーと子ども司書の座談会」など，苦労しながら台本に仕上げましたが，まだ自分のパートとなる台本を読むのが精一杯で，子ども同士で

会話するまでには至りませんでした。

　それが秋になると、「カンチョーは番組で司会役をしなくてももう大丈夫だよ」と子どもたちから意思表示されました。だんだんと番組づくりが板についてきたというわけです。

　私が一番印象に残っているのはその年の 11 月のこと。子どもたちの中から、「家出」をテーマにしたいという意見が出ました。微妙に及び腰になるおとなの職員たちを尻目に、どんどん内容ができていきます。傑作だったのは「家出に持っていくならこんな本？」というお題への子どもたちの回答。5 年生の女の子は、「国語辞典」ときっぱり。その理由は、①辞典は分厚いので夜寝るときまくら代わりになること、②ページ数が多いので暇なときに 1 ページずつ読めること、そして③寒くなったらページを破って燃やせること、とすらすら答えてくれました。

　こんなにものびやかな子どもたちの発想が生まれてきたことに、私たちもとてもうれしかったことをよく憶えています。

## 3. そして今、これから

　子ども司書たちはその後も 2 期、3 期、4 期、5 期、6 期、7 期生と毎年順調に人数を増やしていて、すでに登録は 120 人。子どもたちはラジオ番組の紹介チラシ、ポスターを館内で配布したり、利用者をつかまえてインタビューをしたり、物怖じすることなく積極的に人とかかわる活動をぐんぐんと展開しています。

　1 期生たちもずいぶん成長したものだと思います。具体的に言えば、自分の言葉で語ろうとするようになったこと、ラジオ番組では台本がなくても互いのメモで対話できるようになったことなど、さまざまあります。中学生になってもクラ

ブ活動の合い間に今でも通い続けてくれる子どもたちもいます。この中から子ども司書リーダーたちが生まれて，来てくれていることが私たちの願いでもあります。

　2017年に新たに策定した第2次岐阜市子どもの読書活動推進計画においても，「共読」（それぞれと語り合う楽しい読書）という概念を提示し，読書推進を具体的に行うモデルとして，子ども司書の育成と子どもラジオづくり活動を明記しています。つまり，子ども司書は，計画に盛り込まれた読書スタイルそのものを体現する重要な役割を担っているのです。

# 8章 これからの子ども司書

## 8.1 効果・成果・課題

全国の子ども司書による活動のほとんどは学校で個人的に行っているものなので，内容と効果を確認することは難しいところです。個人的に聞けば，一人ひとりの子ども司書にとって，活動から得るものは多かったことがわかりますが，子ども司書の取り組み全体の成果がわかるデータはまだ集められていません。

その中で，どうすれば子ども司書の活動を把握できるでしょうか？　どんな効果がみられるでしょうか？　どんな課題がありますか？

それらを知るためには，担当者が集まって話し合うことが効果的です。担当者は自分だけでは講座で行っていることが本当に効果的かどうか，判断しにくいと思います。ほかの自治体の講座との比較や事例研究，アイデア交換などができれば，各々の講座の強みと弱みが見えてきますので，すべての子ども司書養成のレベルをさらに上げられるはずです。

その期待を受けて，「全国子ども司書研究大会」がこれまで4回開かれています。それぞれの大会では，各地で実施している養成講座の担当者や，これから子ども司書の養成を始めようと検討している図書館，子どもの読書を推進している団

体の関係者などが一堂に集まって，事例を研究したり，抱えている課題を話し合ったりして，深い交流を図ってきました。それぞれの報告と分科会資料などは「うちどく.com」に掲載されていますが，以下に，それぞれの大会の概要を紹介します。

## (1) 第1回子ども司書推進全国研究大会

　記念すべき第1回子ども司書推進全国研究大会は，青森県板柳町教育委員会の主催で，2011年11月4日（金），板柳町多目的ホール「あぷる」において開催されました。

　板柳町は早くから，「読書の町宣言」を出していた数少ない自治体の一つでした。町の政策として，町民が本に親しむために，さまざまな企画が実施されていました。その中でも「家読」が強く推進されていたため，「全国家読フォーラム」が11月3日に開催されました。読書関係者がせっかく全国から集まっているので，ついでに子ども司書の大会も一緒に開くことになりました。子ども司書の取り組みが始まって3年目で，子ども司書養成講座を実施しているところはまだ少なかったのですが，興味・関心は広がっており，同じ青森県の野辺地町では子ども司書の2期生をすでに出していましたので，子ども司書によるステージ発表は可能でした。

　舘岡一郎町長の開会あいさつのあと，子ども司書の生みの親である高信由美子氏が「子どもは信じられないほどすばらしい存在」という基調講話で，自身の教育長時代の体験をもとに，絵本が子どもの人生を変えたことを話しました。

　「未来へつなげる読書」というシンポジウムでは，福島県矢祭町もったいない図書館，佐賀県伊万里市民図書館，青森

県野辺地町立図書館，青森県板柳町立図書館の司書がそれぞれの実践を紹介しました。私は「世界の子どもの読書事情」について話しました。そして最後に，「家読推進プロジェクト」の佐川二亮氏が，「子ども司書推進全国ネットワーク」の提言をしました。

　1日だけの大会でしたが，マスコミの取材もあって，子ども司書の存在を広く知らせる実り多い大会でした。

## (2)　第2回子ども司書推進全国研究大会

　第2回子ども司書推進全国研究大会は，埼玉県三郷市教育委員会の主催で，2012年11月30日（金），三郷市文化会館小ホールにおいて開催されました。今回も「全国家読フォーラム」の抱き合わせで開催されました。「日本一の読書のまち三郷」という宣言のもと，三郷市は非常に精力的に市民の読書への関心を上げる努力をしていました（今もしています！）。教育委員会は子ども司書の養成をかなり積極的に推進していましたので，全国大会にふさわしい場所でした。三郷市の子ども司書からは，自分たちの活動が紹介されました。

　開催は東日本大震災後でしたので，避難所で暮らす子どもたちの生活は気になる話題でした。津波の被害が大きかった宮城県女川町の教育委員会の元木幸市氏は，「被災地で本がつなぐもの−女川町図書室復興の取組」という基調講演で，被災した子どもが絵本で助けられた話をしました。

　「本と人をつなぐ子ども司書の役割」というテーマでシンポジウムがありました。コーディネーターは高信由美子氏で，パネリストは，千葉県八街市立図書館の高橋みち子氏，福島県矢祭町もったいない図書館の下重淳子氏，栃木県小山市立

中央図書館の菊地きよ子氏，千葉県柏市教育委員会の中田敦子氏，三郷市教育委員会の福田孝子氏で，会場はほぼ満席でした。

　各地域の子ども司書の現状が発表されたあと，ディスカッションを会場に開放して，子ども司書講座を行うにあたっての問題点等を共有していきました。最後に，コーディネーターの高信氏から，「子ども司書が国家資格となるよう皆さんで頑張っていきましょう」と呼びかけました。それはまだ現実になっていませんし，たぶんなるべきことでもないと思いますが，少なくとも全国から関係者が一堂に集まって，子ども司書の養成について話し合ったことで，一定の基準のようなものが見え始めました。

## (3)　第3回全国子ども司書研究大会

　子ども司書推進プロジェクト主催の第3回全国子ども司書研究大会は，2015年8月1日（土）・2日（日）の2日間，東京都渋谷区の国立オリンピック記念青少年総合センターで開催されました。初めての単独開催だったにもかかわらず，全国から多くの講座担当者だけではなく，教育者や出版関係者，司書など，子どもの読書に関心のある人が集まりました。

　高信由美子氏と，国立青少年教育振興機構子どもゆめ基金部長の小野保氏のあいさつの後，私は「本は楽しいだけではない－読書から得るもの」という題で講演をしました。それから参加者は4つの分科会に分かれ，養成講座を運営するときの課題や子ども司書の活動について話し合いました。

　分科会での話し合いは，1日目の終わりに開かれた交流会でさらに発展しました。講座をすでに開いている人とこれか

ら開こうと思っている人が，1対1で具体的なアドバイスを交わしていましたので，多くの参加者にとって交流会は大会の最も価値ある部分だったかもしれません。

2日目には柳田邦男氏の基調講演「学校図書に新しい風・子ども司書」があり，「子ども司書制度の研究」という事例発表とパネルディスカッションもありました。司会進行役の秋田県羽後町立図書館館長の原田真裕美氏のもとで，岐阜県恵那市立図書館の岩谷千恵氏，岡山県笠岡市立図書館の原田恭江氏，東京都世田谷区立中央図書館の渡邊尚子氏，そして茨城県潮来市立図書館の船見康之氏がディスカッションを行いました。

さらに，子ども司書のグッズ展もありました。全国の講座で使われている認定書やバッジ，エプロンなどの見本が数多く並べられていました。

（4）　第4回全国子ども司書研究大会

　　第4回全国子ども司書研究大会は，子ども司書推進プロジ
ェクトの主催で，岐阜県岐阜市の「みんなの森ぎふメディア
コスモス」において，2017年8月26日（土）・27日（日）の
2日間開催されました。

　　私の開会のあいさつと国立青少年教育振興機構子どもゆめ
基金部長であった小野保氏による来賓あいさつで大会は動き
出しました。

138

私が「子ども司書制度の発展」という展望講演をした後に，日本図書館協会の森茜氏が「子どもは図書館の未来」という基調講演をしました。

　分科会ではまったく違う3つのテーマを取り上げました。いずれも実用的なアドバイスが豊富に含まれていました。参加者は分科会の選択に困るほどでしたので，2日目に私が分科会の内容をまとめて全員に紹介しました。

・第1分科会：「子ども司書マイスターの誕生」（千葉県八街市立図書館長　高橋みち子氏）

・第2分科会：「読書でつながっている街」（福島県国見町教育委員会教育長　岡崎忠昭氏）

・第3分科会：「県と市町村の分担講座の効果」（三重県教育委員会事務局社会教育・文化財保護課　山田征子氏）

　第3回の経験を生かして，今回も1日目の終わりに交流会

を開きました。やはり，全体会や分科会の会場でできなかった深い話し合いと，担当者同士のネットワークづくりがハイライトとなりました。

　2日目は岐阜市の教育長，早川三根生氏のあいさつから始まりました。分科会報告の後，岐阜市の第1期および第2期子ども司書によるトークショーがありました。ラジオへの出演で話し慣れている子ども司書たちは，読書に寄せる思いや子ども司書としての体験を，1時間ほど岐阜市立図書館の吉成信夫館長と語り合いました。

堂々と活動を語る子ども司書たち（写真提供　田崎真）

　続いて，子ども司書の取り組みの研究として，パネルディスカッションがありました。秋田県羽後町立図書館の原田真裕美氏のコーディネートのもとで，岐阜市立図書館の吉成信夫氏，茨城県潮来市立図書館の清水栄子氏，新潟県柏崎市立図書館の鳥島一弘氏，そして栃木県大田原市立黒羽小学校の

田崎真氏が，それぞれ自らの取り組みについて意見を交わしました。

　そして，今回も子ども司書のグッズ展がありました。

## 8.2 岐阜市の子ども司書は本番に強い

　岐阜市立図書館と富山市立図書館は交流事業の一つとして，子ども司書の毎年の訪問があります。その一環として，ビブリオバトルを行います。ビブリオバトル自体はめずらしいものではなく，子ども司書の講座の一部に含めているところも少なくありません。しかし，岐阜の子ども司書は強いです。岐阜市立図書館の講座担当の黒田智子司書は，2018年のビブリオバトルを観戦して，『毎日新聞』に次のように語りました。

　「富山の子は，よく準備されたことをうかがわせるきちんとまとまった内容でした。それに対して岐阜の発表者は事前には『1回だけ練習したけれど時間とか図っていないし〜』などとゆるい雰囲気でした。ビブリオバトルの目的は順位を競うことではありませんが，岐阜の3人の言葉は自分の内面から湧きでるもので，『読んでみたい！』と思わせる力がありました。」（『毎日新聞』岐阜版，2018年9月10日）

　岐阜市立図書館の吉成信夫館長も感想を述べました。

　「発表した3人に話を聞いたところ，いずれも台本や原稿を準備せず，浮かんだ言葉をアドリブで語ったそうです。約40人の聴衆の前で，多少の緊張はあったが簡潔に思いを込めて話す力が身についていた。」（『毎日新聞』岐阜版，2018年9月10日）

　富山市の子ども司書は立派に発表しましたが，岐阜の子ど

も司書は活動の中で，人前で話す機会をたくさん得ています。「子ども司書ラジオ」もそうですが，図書館主催のトークショーや全国子ども司書研究大会などで舞台に上ってディスカッションに参加することもたびたびありました。好きな本について語るチャンスがあれば，大勢の前でも自分の気持ちを述べられるようになりました。

### 8.3 活動の支援―分担講座の効果

　ほとんどの養成講座は，図書館などで単独実施されています。しかし，県と市町村の共同開講の例は年々増えています。たとえば三重県，福岡県，大分県，広島県，北海道などでは，それぞれ少し異なる形で共同開講を実施しています。一般的に，県は受講生を県立図書館などに集めて，オリエンテーションと司書の仕事の紹介を担当します。その後，子どもたちは自分の市町村で，読み聞かせやポップづくりなどの各論講座を受けます。修了書の授与式は，合同で行う場合と各地元で行う場合があります。

　県と市町村で講座を分担する場合，全体のコーディネートは単独開講よりやや複雑です。市町村の独自性を発揮できる範囲が一段と狭くなりますが，メリットも多くあります。

　たとえば，学校で講座を開くときに楽になります。司書教諭1人で時間を割いて教えることは難しいでしょうが，県立図書館が分担することでその負担が軽減されます。狭い学校図書館で司書の仕事や図書館の仕組みについて教えられないことはありませんが，広い県立図書館の方が受講者により強い印象を与えます。そして，学校で分担開講ができれば，公

共図書館を持たない自治体でも，養成講座を比較的に簡単に立ち上げることができるようになります。

　また，分担講座はネットワークを生みます。オリエンテーションと図書館見学などを同時に行うと，県内の受講生はみんな知り合いになります。自治体を越えた交流とネットワークづくりも可能になります。各自治体の講座の参加者が少なくても，人数が開講に見合わない講座をキャンセルする必要はありません。三重県の報告によれば，受講生が少ない市町では，子ども司書は少し孤独だったとしても，県内で同じ趣味を持つ子ども，同じ活動をしている子ども司書と仲よくなるチャンスがあるので，心強いそうです。

　また，講師と担当者のネットワークもつくりやすくなります。担当者が合同実施の講座に子どもを引率すると，担当者同士の交流と話し合いができ，活発なアイデア交換も可能になります。講座内容のすり合わせや疑問の確認，経験の共有などが活発にできます。これは講座の改善やマンネリ化防止に役立ち，子ども司書の取り組みの長期継続につながります。

　もちろん，欠点もあります。まず，子どもたちの県立図書館までの移動があります。郡部の子どもは特に，交通機関を一人で使えないときがあります。地元の司書や先生が引率することが多いですが，工夫が必要です。

## 8.4 大人になっても，子ども司書

　子どもの読書推進は永遠の課題です。生まれてくる赤ちゃんたちはまだ本の世界を知りませんが，すぐに大きくなり，読めるようになります。しかし，赤ちゃんも成長すれば，子

ども司書も成長します。子ども司書は子どものうちから活動しますが，せっかく養成したのに数年だけ活動したのち，進学し，卒業し，社会人になっていきます。

　小学校と中学校の現場を離れたら，それで終わりでしょうか？　子ども司書が大きくなって「子ども」と呼べなくなったら，もう活動できないのでしょうか？

　実は，最初のころの子ども司書養成講座の修了者は，すでに社会人になっています。数年前から，子ども司書は「子ども」の域から抜け始めました。各々の講座で毎年新しい子ども司書を養成しても，先輩は上から抜けていきますから，その地域で現役子ども司書の数を増やすことは難しくなっています。

　しかし，高校生になっても，大人になっても，子ども司書にはいつまでもできることがあるはずです。現に，継続したがっている子ども司書は少なくありません。子ども司書の本質はスキルであって，年齢ではありません。活動の対象がもっと年上の大学の友だちや会社の同僚でも，習ったスキルには変わりありません。高校で活動できます！　大学で活動できます！　会社でも活動できるはずです！

　子ども司書になったら，一生子ども司書です！

　それを実現しているところがあります。「子ども司書マイスター」や「大人のための子ども司書講座」など，さまざまな試みが最近なされています。

### 8.5 八街市立図書館のジュニア司書マイスターたちの声

　2018 年 11 月 11 日，千葉県八街市立図書館のジュニア司書

マイスター5人に電話でインタビューをしました。この日は，木津穂くんと山本毅くんが初めて，ベテランマイスターの等々力萌さん，川村譲嗣くん，真壁礼帆さんの新しい仲間として入る日でした。

　彼らは全員，中学校2年生のときに「ジュニア司書講座」を受講しました。八街市立図書館では講座の受講対象を中学生に限定していますので，もっと若い時期に受講できなかったわけですが，全員が中学2年で受講してよかったと思っているそうです。川村くんは，中学2年生のころが講座を最も受けやすく，最も強く印象に残る年齢だったのでなはいか，と意見を述べています。

　川村くんと真壁さんはジュニア司書認定後，高校でもさまざまな活動をしていましたが，高校を終えて，いわゆる「子ども」の時期から抜けてもなお，継続する気持ちが強かったと言います。活動の行方について悩んでいたとき，高橋みち子館長（当時）に相談しながら，彼らは後輩ジュニア司書とかかわっていくことを思いつきました。それから2人は，マイスターとして生まれ変わったのです。

　以下に5人のマイスターへのインタビューをまとめます。

○**木津穂**（きつ　めぐむ）　3期生　社会人1年目（当時）

　小さいころ，家と図書館で読み聞かせをしてもらっていましたが，中学生になったころには，あまり本を読まなくなっていました。しかし，本に興味がなかったわけではなく，時間ときっかけがなかっただけだと思います。読書にまだ興味があったので，ジュニア司書の講座を知ったとき受けたくなりました。中学校生活の残りと高校生の時代には，図書館に

よく通うようになりました。ジュニア司書の講座では，図書館が本を借りる場所だけではないことに気づきました。図書館員がカウンターの裏でもさまざまな仕事をしていることを知って，興味を持ちました。しかし，認定された後，自分の学校では図書委員に選ばれませんでしたので，学校でできるジュニア司書の活動は限られていました。学校の組織の中での活動の代わりに，自分のまわりの親戚や近所の子どもと不定期に機会をつくって，読み聞かせをしてあげました。そんなこともあって，下の兄弟は本や図書館にかなり興味を持つようになりました。ジュニア司書としてこうした細やかな地域貢献をしてきましたが，今度マイスターになって，さらなる活動をして，八街の図書館とジュニア司書の後輩を支援していきたいと思っています。

○山本毅（やまもと　たけし）　3期生　大学1年生（当時）
　中学生のとき，授業中に本をよく読んでいました。その姿は同級生の間で有名でした。先生も気がついていましたが，読む意欲を大切にしてくれて，怒るどころか，市立図書館のジュニア司書養成講座をすすめてくれました。その講座で図書館を今までより深く見ることができました。図書館の表だけではなく，裏舞台の仕事にも興味を持ち始めました。講座が終わって，ジュニア司書として認定された後，図書委員として学校で活動をしました。大学1年生になった今は，周囲の学生の読書離れが気になっています。授業の合い間，自分が本を読んでいる姿をほかの学生に見せることによって，本や図書館に興味を持ってもらおうとしています。電子書籍を読む学生もいるようですが，みんなが同じ流行っている本だ

けを読んでいるので，読書の広がりがあまりなく，懸念しています。まず，自分ができることとして，本と図書館を話題にしたり，教室で本を楽しく読む姿を見せたりして，友だちのために紙の本を手に取って読むきっかけを工夫していきます，これからも。

○**等々力萌**（とどりき　めぐみ）　2期生　専門学校2年生（当時）

　マイスターになって2年目です。中学生のころは，学校の帰りに寄り道をして，図書館を頻繁に訪れていました。親しい司書もいましたので，本のことなどをよく話していました。その司書がある日，私がジュニア司書講座に興味を持つだろうと思って，受講をすすめてくれました。受けてみたら，本当に興味深かったです！　ジュニア司書になってからの活動の中では，多くの人と接することが私の楽しみです。認定後は学校で図書委員として活動していましたが，ジュニア司書としてもっとできることがあると思うようになりました。図書館の利用と本を読む楽しさを人々に伝える大切さを感じていますので，専門学校の学生になった今もなお活動を続けたくて，マイスターになりました。専門学校の学生は授業と課題で忙しくて，学内で読書をしたくても読む時間があまりないので，学校では活動のしようがありません。だから，今できることとして，後輩とともに活動をしていきたいです。

○**川村譲嗣**（かわむら　じょうじ）　1期生　大学3年生（当時）

　マイスターになって3年目です。中学2年のときに，ジュニア司書の1期生になりました。今も，自分の読書推進活動

を誇りに思っていて，充実感を得ています。中2の時期は精神の転換期で，自分のことで精一杯になったりします。しかし，ボランティアの体験をしたくなる年ごろでもあると思います。そういう意味では，私にとってジュニア司書の養成講座の立ち上げのタイミングはぴったりでした。友人に講座を一緒に受けないかと誘われて，申し込んでみました。もともと本にあまり興味がなかったけれど，友だちと一緒だったら受けてみてもいいと思いました。でも，講座が始まると，図書館の重要性とか，生活に本から得るものを活かす大切さに気がつきました。講座で自分自身の生活感は大きく変わりました。大学生になった今は，仲間同士で本を読んで話し合う楽しさを大切にしています。同じ本を読む人は，その本を介してつながっていますよね。共通の話題ができるからです。また，本をすすめ合うことで絆が深まります。本を自分だけで読むのではなく，人にすすめたり話したりすることで一緒に楽しめますし，感動が増えます。ジュニア司書の活動は楽しいし，子どもにふれる機会は恵みだと思っています。さらに，読書の大切さを伝える使命感もあります。自分は大学生になったから，もう「子ども」だと言えなくなりましたが，これからも活動し続けたいです。マイスターの立場を得て，後輩に対して責任を感じます。活動を通じて達成感を得ることで，後輩にもジュニア司書になってよかったと思ってほしいですね，私と同じように。講座で子どもに教えたり，世話をしたりすることは，自分にとってとても大事なことです。

○**真壁礼帆**（まかべ　あきほ）　1期生　大学3年生（当時）
　マイスターになって3年目です。母はよく図書館に連れて

148

行ってくれましたが，図書館の体験ツアーに参加して初めて裏舞台を見たとき，図書館の仕事への興味が強くわきました。養成講座を受けるのは当然の流れでした。図書館のカウンターに立って貸出を手伝ったとき，利用者の笑顔が本当に感動的でした。図書館の印象が変わりました。それまでは何気なく図書館を使っていましたが，利用者の反応を見てそのありがたさに気づかされました。今日の子どもは本に接する機会が少なくなっていますので，出会う場面をつくってあげたいです。今，私の住む地域には「福祉協議会」というイベントがあります。その中で私は小学校などに絵本を持ち込んで，読み聞かせのコーナーを開き，訪れる子どもたちに絵本を読んであげています。この活動は広く知られ，期待されるようになりました。子どもは時々自分の本を持ち込んで，「読んでください！」と頼んできます。やはりうれしいですね，そういうときは！　読み聞かせのニーズを感じますし，子どものうれしさがこちらにも伝わってきます。やりがいを感じます。私はいい活動の場を見つけて，恵まれていると思いますが，ジュニア司書の活動を進める中で，後輩を支える大切さを感じるようになりました。そのために，養成講座の講師になることを思いつきました。勇気を出して「私も講座で経験を語りたい」と高橋館長に言ってみたところ，すぐに受け入れてくれました。本当にうれしかったです。ジュニア司書が意欲を失われずに，ずっと活発に活動できるように，後輩とのつながりを大切にしていきたいと思っています。

## 8.6 海外での試み

　子ども司書の取り組みは日本独特なものです。しかし，こういうアイデアは海外でも生まれてもおかしくありません。子ども同士が影響し合うことは万国共通なので，読書好きな子どもを駆使して，友だちを読書の世界に誘い込むことは，本や図書館さえあれば，どこでもできるはずです。

　海外の状況が気になりましたので，調べてみました。そうすると，少し似ている試みを見つけました。しかし，部分的に子ども司書の要素を持っているプログラムはありますが，子ども司書と同じだと言い切るほど似ているものはまだ見当たりません。

　たとえば，イギリスやスコットランドなどで，「Reading Ambassadors」（読書大使）という名前で選ばれた子どもが，学内の読書推進を実施しています。すべての学校で実施しているわけではありませんが，実施する学校は年々増えているそうです。ある学校では，次のような内容で行っています。

　「読書大使におもしろい活動をたくさんお願いしています。たとえば，学校や保育園で読書文化を推進したり，読書イベントに参加したり，図書室を手伝ったり，図書の選書と整理をしたり，本屋さんで新しい本を選んだり，アイデアを交換したり，保育園で読み聞かせをしたり，学校を訪問する作家やイラストレーターを案内したり，図書室の整理をしたり，全校集会でプレゼンをしたり，小さい子どもの読書支援をしたり，『おやつと読書』と『読書パスポート』の管理を手伝ったりします。」

　とても立派ですね！　どこが子ども司書と違うのかと思わ

れるでしょうが，子ども司書養成講座ほどの研修の場はなく，活動は学内に限られています。それにしても，学校が読書に寄せる期待の大きさに感銘を受けます。

同じ「Reading Ambassadors」という名前でも，内容が異なる米国アリゾナ大学教育学部のプログラムもあります。読書好きな高校生に向けたプログラムです。高校生にブックトークや読書イベントの経験を与えて，自分の学校に戻ったら友だちを読書にいざなうことが目的です。大使に任命されることで読書に対する熱意を友だちに伝え，本に興味を持たせることが最大のねらいです。プログラムの中には，作家のイベントに出演するものもあり，大変魅力的な内容になっています。参加した高校生は「同級生に話す自信が身につきました」とか，「同じ趣味の人にたくさん会うことができて，刺激的でした」と，プログラムを高く評価しています。この試みも子ども司書に似ている部分が多くあります。しかし，図書館についての教育は含まれていませんし，現時点ではアリゾナ大学の独自プログラムですから，通える範囲の高校生しか参加できません。

オーストラリアでは，「図書館のスター」，「図書館忍者」など，学生モニターをかなり強力にしたプログラムが推進されています。ニュージーランドでも，強力な学生モニターを学校図書館に配置しています。図書館の仕事を教える研修がたいへん充実していますが，やはり学校図書館を手伝う活動にとどまっていて，主な目的は読書推進ではありません。ただし，子どもモニターは児童・生徒にとって司書よりも話しやすい存在になっているようですし，子どもを配置して手伝ってもらうことによって，図書館の利用が活発になるそうです。

香港では，青衣公共図書館が小学校4〜6年生のための「Little Librarian Training Workshop」（リトル・ライブラリアン研修ワークショップ）を開いています。読書好きな子どもたちを対象にした，図書館の仕事についての小規模な講座です。読書推進については触れていないようですが，子どもたちの図書館への興味を刺激する内容ではないかと想像します。

　フランスのパリにある Bibliotheque Louise Michel（ルイーズ・ミシェル公共図書館）では，よく通ってくる子どものために，理想の図書館を考えるワークショップと，ドキュメンタリー映画をつくる企画を実施しています。子どもたちはチームを組んで，子どもにとって魅力的な図書館を計画して，模型をつくります。子どもたちにとって図書館はどんな存在なのか，考えるチャンスになります。たとえば，「私の司書は子どもです」というタイトルの映画はインタビュー形式で，出演する子どもは自分にとっての図書館の意味を話しています。子ども司書のような，友だちに読書を推進するための企画ではありませんが，かかわった子どもたちはその体験を友だちに伝えて，図書館に誘い込むのではないかと想像できます。

　海外では，子どもたちに学校図書館を手伝ってもらう制度と，友だちに読書の楽しさを伝えるための講座がありますが，両方の要素を含んでいる子ども司書のような取り組みは，日本以外には（まだ）ないようです。これらの海外の試みから学ぶことは大いにありますが，「子ども司書」の取り組みがこれから世界に発展してもよい，と思いませんか？

# 付録：読書の効果の検証

## はじめに

　読書は趣味の中でも，イメージは非常によく，本をたくさん読む子どもは知的で勉強ができると思われています。そのため，読むことは学校などで子どもに無条件にすすめられる活動の一つです。毎年実施される数々の読書調査では，読書率は子どもの生活と教育の成果を評価する指標としても使われています。したがって，子どもの読書を推進することは国の政策になっています。さらに，読書が子どもの健全な発達に欠かせないものだと考える読書推進団体は多く，読み聞かせなどを促進する本も次々に出版されています。

　本を読むことによって，多くの効果が生まれるともいわれています。期待される主な効果を挙げれば，①子どもの語彙が大幅に増えること，②言葉と読解力が発達すること，③学力が高まること，④想像力と集中力が鍛えられること，⑤性格が形成されること，⑥感情や感性が発達すること，⑦社会性が発達すること，⑧人の気持ちが読める共感力が成熟すること，⑨文脈理解力が鍛えられること，⑩経験の拡張ができること，⑪悩みを解消する力が身につくこと，⑫進路のヒントが得られること，⑬親などとの絆が深まること，⑭時間を楽しく過ごせることなど，実に多様です。

　多くの司書や教育者はこのメリットを認識していますし，読書の必要性を示すものとしてとらえています。しかし，これらのメリットを主張するための裏づけがあるのでしょう

か？　主観的な理由を挙げることが多いようです。たとえば，学力と書く力は読めば読むほど自ずと向上する，という断片的な説明をよく聞きます。多くの読書論は著者の個人的な読書経験に基づく感想文のようなものであって，心理学の研究に基づく体系的な理論ではありません。実際問題として，読書量と個人の学力向上などとの因果関係をはっきりと示すことは非常に困難です。読者と不読者の学力を比較する研究では，統計上では学力と読書量が比例することがわかったとしても，個人の推移を長時間にわたる縦断的調査で調べない限り，個人の読書がその人の学力を伸ばす要因になっているか否か断定できません。よく読む人の学力が高いのは，そもそも学力の高い人だからこそ読書が好きだという可能性も否定できません。また，不読者が本を読み始めると学力は必ず上がることを感覚的に期待できても，横断的調査だけではそれを証明できませんし，バイアスが入る恐れもあります。そのため，読書の量および好みの度合いだけでは，読書の効果が証明することが難しいのです。

　そこで本研究では，読書心理学の見識と，経済協力開発機構（OECD）が実施している生徒の学力到達度調査（PISA）の統計データなどを中心に，読書が語彙や語学力，学力，想像力と性格の発達，感性，社会性，そして精神衛生にもたらす影響など，さまざまな面からエビデンス評価を行い，読書が子どもの発達に与える影響について考察します。

## ①　語彙

　読めば読むほど，出会う単語の数と種類が多くなります。子どもは毎日，さまざまな場面で新しい単語に会っています

が，日常生活を言葉の泉に例えるなら，本は巨大な噴水です。繰り返しが多い日ごろの会話に比べれば，本を通じて出会う単語はかなりバラエティーに富んでいます。

Cunningham らの研究[1]は，新しい単語に出会うチャンスを調べています。まず，英単語を頻度順に並べた表を使って，さまざまな英語の読み物の単語ランキングの平均値を調査しました。そして，それを読む人はどのくらいめずらしい単語に触れるかを分析しました。その結果，幼児向けの本の単語ランキングの平均値は 627 でした。それに比べ，日常会話とテレビの単語ランキングの平均値は 400〜600 の間となっています。絵本では利用頻度の高い単語は多いけれど，めずらしい単語もかなり混ざっていることがわかります。ちなみに，新聞は 1, 169，科学論文の要旨は 4, 389 でした。したがって，会話とテレビの言葉にしか触れていない子どもは，めずらしい単語に出会う機会が比較的少ないと言えます。

考えてみれば，日常会話の大部分は同じことの繰り返しです。「早く起きて！　顔を洗った？　忘れ物がないか？」というかけ声が多いでしょう。子ども向けのテレビも，日常会話的な内容が多いものです。子どもの日常生活には，新鮮な話はそれほどたくさんないかもしれません。しかし，本を読めば，出会う場面の幅がもっと広く，言葉の数と種類が日常生活に比べて多いことがわかります。Cunningham らの研究から読み取れることは，読まない子は児童書に使われている単語にめったに触れていないことです。もちろん，めずらしい単語に出会うチャンスがないというわけではありませんが，本を読んだり，読み聞かせを受けたりする子どもに比べて，新しい単語に出会うペースはかなり遅くなります。本を読め

ば読むほど，より多くの単語に出会い，語彙を増やす機会に恵まれます。

　家に本があるだけでも，子どもの語彙に影響します。学力調査の成績と家庭にある本の数が比例していることを示している研究があります[2]。経済的状況などのバイアスを除いても，本が多い家庭で育った子どもは，テストの点数が比較的に高い傾向があります。その差の原因として，本のある家庭の子どもは，日常会話での話題が多様になる傾向があり，より多くの言葉に出会うチャンスがあるからだと思われています。冊数は 200 冊より多くても効果の変動はあまりありませんが，80 冊より少ないとその差がかなり大きくなります。その本を実際に読んでいなくても，本のある家庭での会話は比較的知的で，さまざまな言葉やアイデアが飛び交っている可能性が高いと考えられます。逆に，本のない家庭の子どもは語彙を増やす機会に欠けています。したがって，本の存在と好成績は統計上，優位に関係しています。

　脳科学者のメアリアン・ウルフは「本がまったく手に入らないとなると，この幼児期に習得していなければならないはずの単語の知識と世界に関する知識に壊滅的な影響がおよぶ」ことを主張しています[3]。

　さらに，学校での授業の理解も語学力に依存しています。そのため，子どもが就学するまでに語彙を増やさないと，学習に影響が出ます。ウルフによれば，「語彙発達とその後の読解力とが相関しているために，幼児期の語彙増加の後れは，不運な一事象としてとらえられた場合に思われるより，はるかに不吉な前兆である」[4]。その後れを取り戻すことはたいへん難しい，とウルフや McCain などのデータは示してい

す。時間がたてばたつほど，語彙の差は広がり続けます。新しい単語に出会わない生活を改善しない限り，いつまでも語彙が増えません。毎日25分ほど本を読んでいる子どもは，まったく読まない子どもに比べて，1年間で200万語ほど多く読むことになります。幼児期の読書と読み聞かせは，類似の効果をもたらします。したがって，読書習慣の早期取得で語彙発達の後れを避けることができると推察されます。

## ②　言葉の発達・読解力

　子どもは日常会話やテレビ鑑賞だけでは，口語にしか出会うチャンスがありません。日ごろの会話やテレビ番組で使っている語彙は少ないだけではなく，表現の構造も比較的単調です。しかし，本は違います。会話にはめったに出てこない文学的あるいは詩的表現は，本では豊富に使われています。それに触れる子どもは，口語にない複雑な文章構成を理解できるようになりますし，豊かな表現や類推的イメージを使いこなせるようになります。読めば読むほど，身につけて自分のものにできる表現は増えていきます。

　これは，さらに思考力と発想力につながっていきます。

　ウルフは，文学的表現の使い方の研究について述べています。表現力を比較するために，2年間読み聞かせを頻繁に受けた子ども群と，受けていない子ども群に，話を創作するタスクをさせました。それぞれ個人的な出来事を述べて，人形に絵本を読み上げるふりをさせました。そして，各グループが使った語彙と表現を分析しました。すると，読み聞かせを受けた群は文学的な表現を多用し，「洗練された統語形式や長い言い回し，関係詞節まで使って見せた」というのです[5]。

読み聞かせがなかった群では，これらの表現はほとんど見られませんでした。文学的な単語と表現について，日常会話から習う可能性は低いことがわかりました。

　さらに，頻繁に読書している子どもは類推的な表現と思考を覚えます。絵本とおとぎ話には，たとえば，頬をバラにたとえたり，髪を絹にたとえたりする，比較を要求する表現が出てきます。子どもは話を理解するためには，その構造を解かなければなりません。

　「このプロセスで，子どもたちは語彙スキルを獲得するだけではなく，認知的に複雑な類推の使い方も身につける。類推スキルは，年齢を問わず，ほとんど表面に現れないが，きわめて重要な知能の発達の一側面である。」6)

　しかし，類推的な表現は日常会話でめったに使われないので，読書でしか取得できないことがわかります。そのような表現が本当に必要になるのは，子どもがもっと大きくなってから，中学校や高校の問題を読解するときや，仕事の中で説明したり説得したりしようとするときです。したがって，平叙文しか言えない人は，仕事と人間関係で苦労します。

　読書心理学者の阪本一郎は，「読む能力の学習の効果は，もっと広い（書く・聞く・話すをふくむ）言語の能力の発達に転移する」7)と主張しています。読み聞かせと読書は，子どもに会話だけでは得られない表現と語彙を多く提供し，コミュニケーション能力を向上させます。

　学習到達度調査（PISA）は，参加国の 15 歳の学生の数学的能力と読解力を測定し，分析しています。さらに，学生の読書傾向や家庭事情などについてもあわせて調べているので，個人的な読書環境や読書量を成績と比較することが可能です。

その結果, 成績が読書量に比例することがわかりました。小説またはノンフィクションの本を, 月数回あるいは週数回読んだ学生は, 読解力の試験で高成績を得る率が特に高かった[8], ということがわかりました。しかも, 平均して 1.5 学年ほどの差があったことから, 読書の効果が鮮明に表れています。

しかし逆に, 不読者は読むのに慣れていないため, 突然の読解力のテストでは単語を読むだけで力尽き, 全体の意味を分析するまで余裕がありません。

「Lack of exposure and practice on the part of the less-skilled reader delays the development of automaticity and speed at the word recognition level. Slow, capacity-draining word recognition processes require cognitive resources that should be allocated to comprehension. Thus, reading for meaning is hindered……」[9]

不読者は単語の認知と解読にエネルギーを費やさなければなりません。意味の理解に必要な余裕がないので, 読解力が落ちる, ということが報告されています。

簡単に言えば, 読解力の成績は練習の成果を表しています。読解力を上げるには, 頻繁に読書をし, 語彙と表現力を増やすことが効果的です。


③ 学力

学ぶ力をのばすためには, 読書で鍛えた語学力の土台の上に, 本から得た世界に関する知識を重ねていくことが有効です。カナダの教育学者である McCain と Mustard の調査によれば, 幼児期の読み聞かせは脳に強力な刺激を与え, 将来の学習に必要な発達の土台を築きます[10]。また, 幼児期の語彙

と行動は「readiness to learn」の指標になり，学校での学力，算数の成績，そして非行傾向など社会性の目安になります[11]。

PISA の 2009 年調査は，McCain らの結果を裏づけています。幼児期にほぼ毎日，あるいは週数回の読み聞かせ体験があった 15 歳の子どもの成績は，めったに読み聞かせがなかった 15 歳の子どもに比べて 25 点高い成績，すなわち 0.5 学年相当の差がありました。同じ家庭経済レベルの生徒を縦断的に比較しても，14 点ほどの差があり，学力への読書の効果がはっきり出ています[12]。

幼児期に限らず，15 歳になってもなお読書している子どもたちは PISA のスコアを大きく伸ばしています。スコアの低い生徒と高い生徒を比較すると，決定的な違いとして，好んで読書しているか否かという要因が浮上しました。ほぼ毎日，趣味として読書している生徒は，しない生徒より 1.5 学年に相当する差がついていました。この学力の差は大人になっても依然として大きいままです。

「Students who are highly engaged in a wide range of reading activities are more likely than other students to be effective learners and to perform well at school. Research also documents a strong link between reading practices, motivation and proficiency among adults.」[13]

つまり，広く読んでいる人は，より効果的に学習できるし，成績がより高くなります。大人でも，読書習慣は学習意欲と学力につながっています。

さらに，山崎博敏の研究によれば，「朝の読書」という授業開始前 10 分ほどの自由読書をさせている小学校では，学級単位での学力向上が見られています。この研究では家庭教育

などの他の要因についても検証しましたので，説得力のある
データといえます。個人レベルで読書の効果は確認できませ
んが，全体的な向上が確認されています[14]。

　もちろん，多読するだけでは学力は伸びません。むしろ，
よい学習習慣がついていないまま本をたくさん読んでも，勉
強していない分，学力が劣ることもあります。したがって，
効果的な読む習慣を身につける必要があります[15]。しかし，
幼児期から読書を親子で始めれば，効果的な読書スキルが簡
単に取得できます。さらに，Cunningham らの研究によれば，
読書を幼児期の早い段階から始め，長く続けている子どもの
場合，先天的な知力が多少低くても，読書で得た語彙と一般
知識は知力を補い，学力を高めます。つまり，読むことによ
って，子どもの頭がよくなります[16]。

　また，読書が脳の学習する準備として効果的だということ
は，天道佐津子らの研究で明らかになっています。

　「音読が脳のウォーミングアップとなり，音読後に前頭前
野の能力を向上させること（潜在能力を引きだすこと）が可能
であることが示唆された。始業前や事前に読書活動をおこな
わせることで，子どもたちの潜在能力を引きだした状態で毎
日の学習を進めることができると考えられる。」

　すなわち，朝の読書や，休憩時間での自由読書は子どもた
ちを落ち着かせ，学習にふさわしい姿勢を促進することに役
立ちます[17]。


④　想像力

　読書を推進する本の多くは，想像力について触れています。
読むことによって想像力が豊かになる，と主張する著者も少

なくありません。しかし、想像力は非常に抽象的なものであり、尺度がありませんので、読書が想像力をどのように変化させているのか、読むことによってどの程度豊かになっているのかなど、調査することはきわめて困難です。

しかし、間接的な証拠はあります。

PISA の 2009 年調査において、小説でもノンフィクションでも読書をしている生徒の読解力のスコアは、不読者に比べ高い傾向にありました。さらに興味深いことに、小説の読者はノンフィクションの読者よりも読解力のスコアがさらに高かったのです[18]。おそらく、小説を読むにはノンフィクションよりも想像力を必要としますので、小説の読者は想像力が発達し、結果として読解力が高まったと、結果から推測できます。言語脳科学者である酒井邦嘉は、「本では、どうしても足らない情報を想像力で補うことによって、その人に合った、自然で個性的な技が磨かれたのだ」[19]と、この現象を表現しています。PISA のスコアがその表れです。

文章から人の動機や精神状態などを読み取るためには、想像力を働かさなければなりません。PISA などの読解力のテストでは、読む文章に対して、動機を聞いたり話の進行を予測させたりする質問内容が多いため、スコアを伸ばすためには豊かな想像力、特に読書で鍛えられた想像力が必須だということが言えます。

文章では、口語より複雑な構成を用いることが多くあります。文章を読むためには、多くの情報を吸い上げ、頭の中で整理する必要があります。この作業をするには、集中力が必要です。集中力は先天的なものではなく、ADHD（注意欠如・多動症）などの障害がない限り練習で鍛えることができます。

162

しかし，現代社会では情報が散乱しており，噛みくだかれていることが多いので，長く集中する機会も必要性も少なくなっています。ウルフは 2011 年のインタビューで次のように指摘しています。文学を教える教員の多くは，学生が長い文章を読む忍耐力を持たなくなっていることを嘆いています。オンライン情報の構造が，その一つの原因だといいます。

「The hyperlinked, text-messaging screen shapes the mind quite differently than the book, according to Wolf. "It pulls attention with such rapidity it doesn't allow the kind of deep, focused attention that reading a book 10 years ago invited," she says. "It invites constant change of attention, it invites multitasking. It invites, in other words, a kind of triage of attention."」[20]

画面上で小刻みになっている情報は，目をあちらこちらへと導くため，内容を読み取るために必要な深い集中が生まれてきません。脳は見る場面の選択に多くのエネルギーを費やすので，読解に回すべきエネルギーが足りません。

ウルフは同じ記事でさらに，集中力の低下を指摘しています。本の中身に集中して複雑なイメージと文章構成を解き，意味を読み取ることのできない人は，はたして人生の複雑さに耐えられるのか，とウルフは危惧しています。読書で鍛えた集中力は，人生のさまざまな場面を乗り越えるために必要だと言います。

われわれは毎日，さまざまな人とかかわる中で，その人の表情だけではなく，行動や発言，そして今までの交際の記憶などを手がかりにして，動機や気分，目的，企み，考えていることなどを想像しなければなりません。これを巧みにできる「世渡り上手」な人は豊かな人生を営めますが，うまくで

きない鈍感な人はよく騙されます。小説や絵本の登場人物のすることを理解するために，まったく同じ想像力を使わなければなりません。したがって，読めば読むほど，想像力を使う機会が増えたり多様化したりしていきますので，その能力を鍛えることができます。そして，本で鍛えた想像力は実生活にも反映できるようになります[21]。

## ⑤　性格の形成

　性格には先天的かつ不変の部分がありますが，教育や経験によって性格が変わることもあります。また，周囲の価値観から受ける影響で性格が形成されることもあります。読書を通して読者は幅の広い擬似体験を経験し，また自分の価値観と異なる価値観に気づかせられますので，性格が影響されることがあります。

　阪本一郎はその過程について，

　「文化的価値の体験はときに感動を呼ぶことがある。また文化的価値における洞察に関連して衝撃（shock）を味わうことがある。このような激しい情緒的興奮は，読者のパースナリティを変革（あるいは異常な強化を）する。あるいはまた読者がなんらかの要求不満（frustration）を懐いている場合，彼の心中にわだかまっている感情を浄化（catharsis）したりするなど，その異常な緊張を健全な方法で処理する適応の規制がはたらく。このようにして読書は読者のパースナリティの形成に変革的な効果をもたらす」[22]

と述べています。

　阪本がいう読書とは，絵本や小説のことを指しています。テーマによりますが，情報を体系的に紹介するノンフィクシ

ョンの本は衝撃や情緒的興奮を起こすことが少ないので，すべての読書が性格に影響するわけではないとしています。しかし，絵本や小説はさまざまな性格の箱庭にもなり，読者の鏡にもなりますので，性格を自覚する材料にもなりうると推測されます。

## ⑥　感情と感性の発達

　自分の感情はともかく，他人の感情を正確に読み取り，適切に反応することは日常生活に欠かせないスキルです。それを上手に行うためには，豊富な経験が必要です。子どもは幼児期に周囲の人をよく観察し，自分の行動に対する反応を見ることなどによって感情について学習します。しかし，穏やかな日常生活の中で経験する感情の種類は限られています。嫉妬や憎しみ，欲張りなど，日常的に感じない感情を覚えるためには，より幅広く感情を疑似体験する必要があります。それには読み聞かせや読書が有効です。

　ウルフは子どもが物語から感情を読み取る過程について，次のように述べています。

　「物語や本を通して，彼女はあらゆる感情を学び始めているのだ。物語と本は，彼女がそうした感情を自分自身でためしてみるための安全な場所となる。だとすれば，彼女の発達にも大いに役立っているはずである。ここで作用するのは，情動の発達と読字の相違関係だ。幼い子どもたちは読むという行為に触れることによって新しい感情を体験することを学ぶ。それがひいては，より複雑な情動を理解するための心構えを与えてくれるわけだ。」[23]
（注意：ウルフは男女差別的表現を避けるために，「彼女」と「彼」と

いう代名詞を話題ごとに交互に使っています。)

　逆に，本を読まない人は感情に触れる体験がもっと狭いままです。米国の National Endowment for the Arts の研究報告によれば，不読者は読まないことによって，幅広い感情や見方へのアクセスを放棄しており，自分の文章コミュニケーション能力の発達を妨げています[24]。

## ⑦　社会性

　子どもは周囲の人を観察して真似することを通して，文化や適切な習慣を覚えていきます。最初は観察できる範囲が狭く，場合によって家族に限られているかもしれません。しかし，学校に通い，職場に入り，次第に社会に進出していく中で，社会性を身につける必要性が高まっていきます。読み聞かせや読書は幼児の世界を広げ，登場人物の感情や考え方に触れさせるため，社会の観察と理解を促す効果があります。

　阪本によれば，本や物語の読書は社会適応能力を養うことができます。「言語はパースナリティの社会的適応の道具である。（中略）したがって読書は，人間関係の安定，ひいては社会の一員としての生活の安定に寄与するのである。」[25]子どもは読み聞かせと読書の中で得た経験を内面化して，自分の生活で活かせるようになります。

　さらに，「読書は，個人に文化的価値を体験させる効果がある。読書材料の多くは，そういう価値を担った内容を持っている。それを読むことによって，真偽・善悪・美醜等の価値判断の基準と能力とを与える。これらはわれわれの日常生活の中でも体験され，人格をみがきあげていくものであるが，読書はこれらを集約的に啓発する」[26]。つまり，社会性への

王道があるとすれば，それは読書です。本は幅広い体験を集中的に提供してくれます。多くの場合，登場人物の行動が引き起こす反応との因果関係が明確になっているため，実生活より濃縮されています。

　また，本をよく読む人は不読者より社会貢献活動やボランティアを積極的にする傾向があります[27]。これは読書の影響なのか，それともそもそも社会貢献活動を好む人は読書も好きなのか，判断しにくいところです。因果関係も交絡因子も多く不明ですが，本の登場人物をめぐる物語を読むことで，他者の立場を意識し理解できるようになります。不読者より読者は社会のニーズに気づくことが多い，と解釈できます。どちらにしても，不読者に比べると本を読む人の社会性のレベルは明らかに違います。


## ⑧　人の気持ちが読める共感力

　子どもは周囲の人の感情や動機などに非常に敏感ですが，上述したように，日常生活では経験の範囲は狭くなりがちです。一方，物語や本では，幅広い性格と社会的立場の人に出会えます。さらに，物語の流れの中で，その人の考えていることや感情はどの結果につながるかなど，実体験より安全に観察することができます。

　ウルフはその過程を次のように述べています。

　「この小児期に，人間が学ぶことのできる最も重要な社会的スキル，情動的スキルおよび認知スキルのひとつに数えられる，他人の考え方を受け入れる能力の基盤が形成される。（中略）どちらの物語も，大勢の幼い子どもたちがお話を聞かせてもらったり，本を読んでもらったりすることを通して体

験する思考と感情のよい例だ。熱気球に乗って空を飛んだり，ウサギとの駆け比べに勝ったり，十二時の鐘が鳴るまで王子様と踊ったりすることはけっしてないだろうが，本の物語を通して，それがどんな感じをするものか知ることはできる。このプロセスで，時間を気にせずに自分の殻から足を踏み出し，『他人』のことを理解し始める。」[28]

　子どもは本を読まなくても，この過程をある程度経ることができますが，経験の量と質はともに読書する子どもに劣ってしまいますし，漏れや偏見が生まれる可能性は比較的高くなります。

### ⑨　文脈理解力

　当たり前のことですが，世の中には異なる習慣や考え方が数多く混在しています。それらを全部知ることは不可能ですが，逆に自分と異なるものを排除する必要もありません。相手の立場に立ち，文脈の中で理解することが可能ですが，それには幅広い視野が前提条件です。読書は視野を広げ，さまざまな習慣や考え方を文脈の中で紹介します。

　たとえば，阪本は異なる価値観を持っている人の伝記を読むときの例を紹介しています。

　「個人は，読書材料から生産した意味を，彼個人の自我の思うままに個性化してよい。たとえばいまここに乃木大将の伝記があるとして，大将の最期の殉死の意味を，当時の忠君体制の中に生きた軍人の生き方として客観的に理解することは重要であるが，その意味を自分の自我領域との接点内で捕えるときは，それをナンセンスと解しようと，尊敬すべき行為と受け取ろうと，そのほかどのような意味に理解しようと，

読む者の自由なのである。」[29]

　しかも，本を多く読むと，ほかの例と比較することもできるようになりますから，非常に些細な文脈理解が可能になります。

　不読者は，文脈理解に必要な経験や語彙，言い回しの文例などを身につけることが難しいと考えられます。自分の生きている時空しか知りませんので，ほかの時間と場所を想像する材料があまりありません。これは，「聞いたことや教わったことのない単語の数の問題というだけでは済まない。単語を聞いたことがなければ，概念を習得できない。統語［ここでは単語以外の慣れている言い回し］の形式にめぐり会ったことがなければ，物語のなかの出来事の関係に関する知識が乏しい。物語の形式をまったく知らなければ，推論や予測の能力に欠ける。文化の伝統と他人の気持ちを経験したことがなければ，他の人々が感じていることを十分理解することができないのである」[30]。もちろん，文字のない文化では，語り部と物語はこの役割を果たしていますが，口頭文化では物語の数が限られ，読書の幅広さゆえの効果にはかないません。

## ⑩　経験の拡張

　本の最大の目的は，著者の考えと経験を不特定多数の人に伝えることだと思われます。読むことによって，直接体験できないことを疑似体験できます。そうすることによって，読者は家にいながらも多様な経験を味わうことができます。

　阪本いわく，これによって，「読書は個人の知的，経験的体制を豊かにする効果がある。ことに個人の現実の生活では，直接に経験できない特殊な情報をも，間接経験として際限な

く個人に提供する。それによって個人のパースナリティの適応の範囲が、時間・空間を超越して拡大し、個人が現実に当面する適応障害においても、その問題を容易に解決する洞察の手がかりを準備させる。良い意味で『海千、山千』の人生経験の豊かな人物を作り、彼の現実の他の面での適応を健全に導くことになる」[31]。

## ⑪ 悩みを解消する力

　若者の悩みの多くは、対人関係と自分のアイデンティティに対する不安から生まれます。本はさまざまな性格の人とその生き方や悩みを紹介するので、読書する子どもは自分の悩みに似ている参考になる例を探すことができます。登場人物を観察したり共感したりすることによって、自分のアイデンティティを自覚できるようになります。

　キャサリン・ロスらは、次のように論じています。

　「読書は、我々が誰であり、世界で我々がいるところはどこで、どうなるのか、理解するのを助けてくれる。さらに自己同一性の土台は、さまざまな社会構造や社会的規制に関連して、その時どきに自己を理解することにある。読書という文脈で架空の登場人物や世界と読者が作り出す関係は、多様で競合するアイデンティティを解釈する試みや探索を促進する。(中略) 他者や他の経験について読むという活動は、ヤングアダルト読者が自分自身や、世界で自分が占める位置の変化を理解する一助となる。」[32]

　天道佐津子は、気持ちを落ち着かせてくれる「もとに戻れる」本の効果について述べています。

　「ちょっとした争いごとや悩みごとがあっても、その『本』

と向き合っていれば，それらの心の葛藤が自然にほぐれて，新しい明日を迎えることができるという『本』との出会いである。」[33]

　さまざまな本を読んでいると，子どもはその癒しの効果にも気づき，のちに読書をすることによって自分の気分をコントロールできるようになります。

　アメリカの学校教員組合の研究では，読書は次のような効果があると報告しています。個人の読書とブッククラブ活動などは癒し効果があり，学習を支え，孤独を解消し，社会的地位を上げ，自信と自愛を高め，そして精神衛生をよくします。また，日ごろの悩みから逃避でき，ストレスを下げることも可能です。つまり，読書は安定した幸せな暮らしを営むために，たいへん有効な趣味です[34]。

⑫　進路

　読書は卒業後の進路にも影響しますので，若いころの読書は重要な投資にもなります。たとえば，National Endowment for the Arts の調査は，読解力が進路に大きく影響することを明らかにしています。企業は従業員に読む力と書く力を強く要求していますので，習慣的読書はよい仕事に導く可能性を控えています。

　「Greater academic, professional, and civic benefits associated with high levels of leisure reading and reading comprehension.」[35]

　逆に，PISA の追跡調査のデータでは，15 歳の段階で読解力のスコアが低い生徒は，のちに比較的低い賃金を得ており，しかも失業する可能性が比較的に高い傾向が出ています[36]。

　もちろん，本さえ読めば明るい将来が自分のものになると

は限りません。しかし，語彙や語学力，学力，読解力，社会性などは，それぞれが若いころ培った読書の技術で鍛えられ，一生の糧になります。本を読む人は内的生活だけではなく，外的生活も豊かにできます。

⑬　親子の絆（読み聞かせの場合）

　読み聞かせなど，ひざ元での読書や「家読」のような家族ぐるみの読書活動は，親子の絆と関係しますが，読むと絆が深まるという因果関係を証明することは困難です（実験しようとしても，一部の子どもに読ませない状況をつくるのは，倫理的に問題でしょうね！）。しかし，読み聞かせなどは親子のふれあいを増やす格好の機会ですから，上述したほかの効果に加えて考えれば，行う価値はきわめて高いと思われます。

⑭　楽しみ

　PISA のデータでは，楽しむために読書することは学力の向上と読解力の発達につながることが示されています。しかし同時に，娯楽のために読書する学生は年々少なくなっています。日本では，「読書よりおもしろいことがある」などという子どもは少なくありません。本を読む楽しさは読みながら十分に味わえますが，読み終えたときにピークに達します。ゲームなどに比べると楽しみはゆっくり高まってくるので，待たなければならない部分があります。しかし，後からくるご褒美を気長に待つこと自体も，たいへんよいことです。あの有名なマーシュマロ実験と同じように，ゲームなどの目の前の快楽に惑わされずに，後からくる読む楽しさを待てる忍

172

耐力は，のちの人生に大いに役立つはずです。

天道佐津子いわく。「読書というものは，楽しみながら，前頭前野を鍛える効果ももちあわせているという，ひじょうに優れた娯楽であると考えられる。」[37]

## 結論

読書が学力や読解力に及ぼす影響は，統計データで明らかです。読書で得た語彙が，本から読み取った感情の理解や疑似体験と組み合わさって，文章を理解する力につながります。また，本は子どもの生活空間を越えて，視野を大幅に広げ，日常生活の中では出会えない時代や場所の人々や体験に触れることを可能にします。この体験は疑似的であっても，実体験と同様に子どもの社会性や感情的発達に寄与することが明らかになっています。

これらのエビデンスから言えることは，読書は明らかに子どもの発達によい影響を与えていることです。

想像力の発達や性格の形成などに関しては，エビデンスの評価が比較的低く，読書という行為がどのくらい発達に影響しているかの因果関係は，交絡因子が多く不明であるため，さらに研究する必要があります。しかし，客観的なエビデンスがなくても，主観的な見解を主張している研究が多く，とにかく積極的に否定する根拠もありません。

したがって，読書をすべきか，それともしなくてもよいのかという問いに対して，読書をした方が明らかに子どもの発達によい影響を与えることが断定できます。

## 引用

1) Cunningham, Anne E., and Stanovich, Keith E., "What Reading Does for the Mind," American Educator, Spring/ Summer 1998, p.2–3.

2) National Endowment for the Arts, To read or not to read : a question of national consequence（Research report #47）, Washington : Office of Research & Analysis, National Endowment for the Arts, 2007, p.12.

3) メアリアン・ウルフ著，小松淳子訳『プルーストとイカ－読書は脳をどのように変えるのか？』インターシフト，2008，p.156.

4) ウルフ，p.156.

5) ウルフ，p.134–135.

6) ウルフ，p.135.

7) 阪本一郎著『現代の読書心理学』金子書房，1971，p.181.

8) OECD, PISA 2009 Results: Learning to Learn－Student Engagement, Strategies and Practices（Volume III）, OECD, 2010. p.35.

9) Cunningham, p.1.

10) McCain, Margaret Norrie, and Mustard, J. Fraser, Reversing the Real Brain Drain: Early Years Study Final Report, April 1999, p.9.

11) McCain, p.6.

12) OECD, "What Can Parents Do to Help Their Children Succeed in School?" PISA in Focus 2011/ 10（November）, OECD, 2011. p.2.

13) OECD, "Do Students Today Read for Pleasure?" PISA in Focus 2011/ 8（September）, OECD, 2011. p.2.

14) 山崎博敏編著『学力を高める「朝の読書」』メディアパル，2008，p.55 ff.

15) OECD, PISA 2009 Results, volume III: Learning to Learn, 2010, p.98.

16) Cunningham, p.7.

17) 天道佐津子編著『読書と豊かな人間性の育成』青弓社，2005，p.63.

18) OECD, PISA 2009 Results, volume III: Learning to Learn, 2010, p.35.

19) 酒井邦嘉著『脳を創る読書－なぜ「紙の本」が人にとって必要なのか』実業之日本社，2011，p.125.

20) Barber, John, "Books vs. screens: Which should your kids be reading?" The Globe and Mail, Monday, Dec. 12 2011, last updated Thursday, Sep. 06 2012

21) Mar, Raymond A., et al, "Bookworms versus Nerds: Exposure to fiction versus

non-fiction, divergent associations with social ability, and the simulation of fictional social worlds", Journal of Research in Psychology, September 2005, p. 707.

22） 阪本，p.182.
23） ウルフ，p.130.
24） National Endowment for the Arts, 2007, p.55.
25） 阪本，p.181.
26） 阪本，p.181.
27） たとえば，National Endowment for the Arts, 2007, p.90.
28） ウルフ，p.131-132.
29） 阪本，p.180.
30） ウルフ，p.155.
31） 阪本，p.181.
32） キャサリン・シェルドリック・ロス，リン（E.F.）マッケクニー，ポーレット・M. ロスバウアー共著『読書と読者－読書，図書館，コミュニティーについての研究成果』京都大学図書館情報学研究会，2009，p.146.
33） 天道，p.78.
34） National Union of Teachers, Reading For Pleasure, London : Strategy and Communications Department of The National Union of Teachers, 2010, p.5.
35） National Endowment for the Arts, 2007, p.21.
36） OECD, Reading for Change : Performance and Engagement Across Countries, OECD, 2011, p.3.
37） 天道，p.64.

# 参考文献

・赤木かん子著『子どもを本嫌いにしない本』大修館書店，2014
・秋田喜代美著『読書の発達心理学：子どもの発達と読書環境』国土社，1998
・市毛勝雄編『学校図書館・読書活動の育て方』明治図書出版，2010
・メアリアン・ウルフ著，小松淳子訳『プルーストとイカ－読書は脳をどのように変えるのか？』インターシフト，2008
・メアリアン・ウルフ著，大田直子訳『デジタルで読む脳×紙の本で読む脳－「深い読み」ができるバイリテラシー脳を育てる』インターシフト，2020
・太田克子，村田伸宏，「群馬・国語教育を語る会」共著『読書の力：国語授業と学校図書館との連携・協力』三省堂，2010
・河合隼雄，松居直，柳田邦男共著『絵本の力』岩波書店，2001
・木村治生ほか著『子どもたちの読書活動の実態に関して』ベネッセ教育総合研究所，2017
・国立教育政策研究所編『読書教育への招待』東洋館出版，2010
・酒井邦嘉著『脳を創る読書－なぜ「紙の本」が人にとって必要なのか』実業之日本社，2011
・阪本一郎著『現代の読書心理学』金子書房，1971
・三森ゆりか著『絵本で育てる情報分析力』一声社，2002
・吹田恭子編著『こどもの本の使いかた』ひとなる書房，2001
・創建編『子供の読書活動の推進等に関する調査研究　報告書』（平成30年度文部科学省委託調査）文部科学省，2019
・アンドリュー・ソロモン著，依田卓巳ほか訳『「ちがい」がある子とその親の物語』海と月社，2020
・天道佐津子編著『読書と豊かな人間性の育成』青弓社，2005

- ジム・トレリース著，鈴木徹翻訳『できる子に育つ　魔法の読みきかせ』筑摩書房，2018
- 林田鈴枝著『絵本と子育てのおいしい関係』解放出版，2007
- ジュディス・リッチ・ハリス著，石田理恵訳『子育ての大誤解』新版，早川書房，2017
- スティーブン・ピンカー著，椋田直子ほか訳『心の仕組み　人間関係にどう関わるか』NHK 出版，2003
- 水野小夜子著『読み聞かせで育つ生きる力』フォーラム・A，2000
- 山崎博敏編著『学力を高める「朝の読書」』メディアパル，2008
- 浜銀総合研究所編『高校生の読書に関する意識等調査　報告書」（平成 26 年度文部科学省委託調査）文部科学省，2015
- 浜銀総合研究所編『地域における読書活動推進のための体制整備に関する調査研究　報告書」（平成 27 年度文部科学省委託調査）文部科学省，2016
- 浜銀総合研究所編『子供の読書活動の推進等に関する調査研究報告書」（平成 28 年度文部科学省委託調査）文部科学省，2017
- エベレット・ロジャーズ著，三藤利雄訳『イノベーションの普及』翔泳社，2007
- キャサリン・シェルドリック・ロス，リン（E.F.）マッケクニー，ポーレット・M. ロスバウアー共著，川崎佳代子・川崎良孝訳『読書と読者－読書，図書館，コミュニティについての研究成果』京都大学図書館情報学研究会，2009
- Barber, John, "Books vs. screens: Which should your kids be reading?" The Globe and Mail, Monday, Dec. 12 2011, last updated Thursday, Sep. 06 2012.
- Cunningham, Anne E., and Stanovich, Keith E., "What Reading Does for the Mind," American Educator, Spring/ Summer 1998, p.1-8.
- Gleick, James, The Information: A History, a Theory, a Flood, New

York : Vintage, 2012.

· Gottschall, Jonathan, The Storytelling Animal: How Stories Make Us Human, New York : Houghton Mifflin Harcourt, 2012.

· McCain, Margaret Norrie, and Mustard, J. Fraser, Reversing the Real Brain Drain:Early Years Study Final Report, April 1999

· Manguel, Alberto, A History of Reading, Toronto : Alfred A. Knopf, 1996.

· Mar, Raymond A., et al, "Bookworms versus Nerds: Exposure to fiction versus non-fiction, divergent associations with social ability, and the simulation of fictional social worlds", Journal of Research in Psychology, September 2005.

· National Endowment for the Arts, To read or not to read: a question of national consequence (Research report #47), Washington : Office of Research & Analysis, National Endowment for the Arts, 2007.

· National Union of Teachers, Reading For Pleasure, London : Strategy and Communications Department of The National Union of Teachers, 2010.

· OECD, PISA 2009 Results: Learning to Learn – Student Engagement, Strategies and Practices (Volume III), OECD, 2010.
(http://dx.doi.org/10.1787/9789264083943-en)

· OECD, PISA 2009 Results: What Makes a School Successful? – Resources, Policies and Practices (Volume IV), OECD, 2010.
(http://dx.doi.org/10.1787/9789264091559-en)

· OECD, "Do Students Today Read for Pleasure?" PISA in Focus 2011/8 (September), OECD, 2011.

· OECD, Reading for Change: Performance and Engagement Across Countries, OECD, 2011.

· OECD, "What Can Parents Do to Help Their Children Succeed in School?" PISA in Focus 2011/10 (November), OECD, 2011.

178

· OECD, Let's Read Them a Story! : The Parent Factor in Education, OECD Publishing, 2012.

· Ripley, Amanda, The Smartest Kids in the World: and How They Got That Way, New York : Simon & Schuster, 2013.

· Young, Sherman, The Book is Dead: Long Live the Book, Sydney, Australia : University of New South Wales Press, 2007.

# 事項索引

## ■著者紹介

アンドリュー・デュアー（Andrew Dewar）
1961 年　カナダ・トロント市生まれ
1987 年　トロント大学大学院　図書館情報学修士課程修了
1992 年　慶應義塾大学大学院文学研究科図書館・情報学専攻　博士課程修了
1992 年　福島女子短期大学　助教授
　　　　1993 年より　図書館情報センター業務課長を兼務
1997 年　桜の聖母短期大学（司書課程担当）　教授・図書館情報センター長
2013 年　東海学院大学（司書および司書教諭養成課程担当）教授・図書館長・附属幼稚園園長
2015 年〜　岐阜市立図書館協議会　委員（2017 年より委員長）
2016 年〜　子ども司書推進プロジェクト　代表
2016 年　岐阜市「第 2 次子どもの読書活動推進計画」策定委員会　委員
2021 年　岐阜市「第 3 次子どもの読書活動推進計画」策定委員会　委員
岐阜市，各務原市，田原市，土岐市，三重県の子ども司書養成講座　講師

主な著書　『冒険者たちの翼』（二見書房），『Pioneers of Flight』（Tuttle），『Leonardo da Vinci's Flying Machines』（Tuttle），『Ultimate Paper Airplanes for Kids』（Tuttle），『よくとぶ紙飛行機ミュージアム』（小学館）など，紙工作に関する和・洋書多数。

◆JLA図書館実践シリーズ　44
子ども司書のすすめ

2021年10月5日　　　初版第1刷発行©

定価：本体 1600円（税別）

著　者：アンドリュー・デュアー
発行者：公益社団法人　日本図書館協会
　　　　　〒104-0033　東京都中央区新川1-11-14
　　　　　Tel 03-3523-0811㈹　Fax 03-3523-0841
デザイン：笠井亞子
印刷所：㈱丸井工文社
Printed in Japan
JLA202114　　ISBN978-4-8204-2106-1
本文の用紙は中性紙を使用しています。

# JLA 図書館実践シリーズ　刊行にあたって

　日本図書館協会出版委員会が「図書館員選書」を企画して 20 年あまりが経過した。図書館学研究の入門と図書館現場での実践の手引きとして，図書館関係者の座右の書を目指して刊行されてきた。

　しかし，新世紀を迎え数年を経た現在，本格的な情報化社会の到来をはじめとして，大きく社会が変化するとともに，図書館に求められるサービスも新たな展開を必要としている。市民の求める新たな要求に対応していくために，従来の枠に納まらない新たな理論構築と，先進的な図書館の実践成果を踏まえた，利用者と図書館員のための出版物が待たれている。

　そこで，新シリーズとして，「JLA 図書館実践シリーズ」をスタートさせることとなった。図書館の発展と変化する時代に即応しつつ，図書館をより一層市民のものとしていくためのシリーズ企画であり，図書館にかかわり意欲的に研究，実践を積み重ねている人々の力が出版事業に生かされることを望みたい。

　また，新世紀の図書館学への導入の書として，一般利用者の図書館利用に資する書として，図書館員の仕事の創意や疑問に答えうる書として，図書館にかかわる内外の人々に支持されていくことを切望するものである。

2004 年 7 月 20 日

日本図書館協会出版委員会

委員長　松島　茂

# 図書館員と図書館を知りたい人たちのための新シリーズ！
# JLA 図書館実践シリーズ　既刊40冊，好評発売中

（価格は本体価格）

Japan Library Association

# 図書館員と図書館を知りたい人たちのための新シリーズ！
## JLA 図書館実践シリーズ 既刊40冊，好評発売中

Japan Library Association